电网企业涉税案例

DIANWANG QIYE SHESHUI ANLI

主　编：林世友
副主编：李宇哲　陈　峰
胡玉蔚　陈晋军

首都经济贸易大学出版社
Capital University of Economics and Business Press
·北 京·

图书在版编目（CIP）数据

电网企业涉税案例/林世友主编. --北京：首都经济贸易大学出版社，2021.11

ISBN 978-7-5638-3222-4

Ⅰ.①电… Ⅱ.①林… Ⅲ.①电力工业—工业企业管理—税收管理—案例—中国 Ⅳ.①F812.423

中国版本图书馆 CIP 数据核字（2021）第 183494 号

电网企业涉税案例

主　编　**林世友**

副主编　**李宇哲　陈　峰　胡玉蔚　陈晋军**

责任编辑　彭伽佳

封面设计　风得信·阿东 FondesyDesign

出版发行　首都经济贸易大学出版社

地　　址　北京市朝阳区红庙（邮编 100026）

电　　话　（010）65976483　65065761　65071505（传真）

网　　址　http：//www.sjmcb.com

E-mail　publish@cueb.edu.cn

经　　销　全国新华书店

照　　排　北京砚祥志远激光照排技术有限公司

印　　刷　北京建宏印刷有限公司

成品尺寸　170×240 毫米　1/16

字　　数　190 千字

印　　张　11.25

版　　次　2021 年 11 月第 1 版　2021 年 11 月第 1 次印刷

书　　号　ISBN 978-7-5638-3222-4

定　　价　48.00 元

本书编委会

前　言

随着税制改革的加速推进，财税新政频出，税收法制化全面确立，“后营改增”下的企业税收失误成本更加沉重，“自行判别、申报享受、相关资料留存备查”的税收征管方式使涉税风险加速向纳税人转移。加之新冠疫情的影响，在国家新一轮“减税降费”下，如何在合规合法纳税同时，用好用足税收优惠政策，更好体现财务价值创造和风险管理水平，这些都要求对电网业务涉税内容进行研究及风险提示。

本书结合国家新出台的财税政策，针对新形势下税法条款变动情况，结合输配电价改革以及增量配电网、综合能源、电力交易市场等电网新业务的开展，针对性选取典型案例，分析涉税风险点、成因及政策建议，以期提高电网业务税务风险识别和防控能力。本书涵盖增值税、企业所得税、个人所得税以及其他税种共194个案例，全面涵盖资产取得、生产运营、资产处置、人事薪酬等主要经营环节中，最大程度地满足电网企业各级单位财税工作者工作需要。

在此次涉税案例汇编过程中，得到了国家电网公司、兄弟单位及其所属单位的协助，在此一并表示感谢！

限于作者编写水平，错误之处在所难免，对于书中的疏漏、错误之处，恳请读者批评指正。

编者

2021年7月

目 录

第一章　增值税

一、征税行为

（一）互售电业务的涉税处理

1. 案例描述

甲公司2020年6月与某小水电站发生互售电业务，甲公司向小水电站售电量为10万千瓦时（正常结算单价0.5元/千瓦时），小水电站向甲公司售电量为500万千瓦时（正常结算单价0.2元/千瓦时），小水电站拟根据抵消后的售电量开具增值税发票。小水电站为一般纳税人，售电收入选择简易办法计税。

2. 税收政策规定

（1）《中华人民共和国增值税暂行条例实施细则》（财政部、税务总局令第50号）

第三条，《中华人民共和国增值税暂行条例》（2008年修订）第一条所称销售货物，是指有偿转让货物的所有权。本细则所称有偿，是指从购买方取得货币、货物或者其他经济利益。

（2）《财政部、国家税务总局关于部分货物适用增值税低税率和简易办法征收增值税政策的通知》（财税〔2009〕9号）

一般纳税人销售自产的下列货物，可选择按照简易办法依照6%征收率（财税〔2014〕57号文将此处6%征收率调整为3%征收率）计算缴纳增值税：县级及县级以下小型水力发电单位生产的电力。

（3）《关于简并增值税征收率政策的通知》（财税〔2014〕57号）

3. 涉税处理建议

根据上述规定，互售电业务不属于现行政策规定的可差额征税项目，其业务实质为双方以同等价款的货物相互结算，实现货物购销的一种货物销售行为。增值税方面，互供电双方都应做购销处理，双方以各自发出的货物核算销售额并计算销项税，以各自收到的货物按规定核算购货额并计算进项税额，同时双方应分别开具合法的增值税票据；如收到的货物不能取得相应的增值税专用发票或其他合法票据，不能抵扣进项税额。

具体为：①甲公司向小水电站售电，按照实际售电量计提增值税销项0.58万元［$=(10\times0.5)\div(1.13\times13\%)$］，并向小水电站开具增值税发票；②小水电站向甲公司售电，按实际售电量确认应纳税额为2.91万元［$=(500\times0.2)\div(1.03\times3\%)$］，并向甲公司按照实际售电量开具增值税专用发票；③甲公司收到小水电站开具的增值税专用发票可抵扣进项税额。

对于以货易货等非货币性交易，无论以何种方式结算，双方均应分解为销售和购进两项业务，销售业务全额按现行增值税政策确认增值税纳税义务，购进业务需取得合法票据。建议供电单位财税人员在日常工作中多关注特殊的涉税交易事项，对于涉税业务是全额计税还是可以选择差额计税做好政策解读，以便指导前端业务人员进行业务处理。

（二）农村电网维护费收入的涉税处理

1. 案例描述

甲公司2020年6月取得农村电网维护费收入10万元，根据营销系统传递的数据开具增值税普通发票，货物名称为“电费”，不含税金额8.85万元，适用税率为13%，税额1.15万元。

2. 税收政策规定

（1）《财政部、国家税务总局关于免征农村电网维护费增值税问题的通知》（财税字〔1998〕47号）

对农村电管站在收取电价时一并向用户收取的农村电网维护费（包括低压线路损耗和维护费以及电工经费）给予免征增值税的照顾。

（2）《关于农村电网维护费征免增值税问题的通知》（国税函〔2009〕591号）

鉴于部分地区农村电网维护费改由其他单位收取后，只是收费的主体发生了变化，收取方法、收取对象以及用途均未发生变化，为保持政策的一致性，对其他单位收取的农村电网维护费免征增值税，不得开具增值税专用发票。

（3）《关于增值税发票开具有关问题的公告》（国家税务总局公告2017年第16号）

销售方开具增值税发票时，发票内容应按照实际销售情况如实开具，不得根据购买方要求填开与实际交易不符的内容。销售方开具发票时，通过销售平台系统与增值税发票税控系统后台对接，导入相关信息开票的，系统导入的开票数据内容应与实际交易相符，如不相符，应及时修改完善销售平台系统。

3. 涉税处理建议

在本案例中，甲公司取得的农村电网维护费收入适用免税政策。该单位可以在增值税发票管理系统中预先对农村电网维护费收入进行维护，将其设置为免税收入，并根据业务内容开具适用税率为“免税”的增值税普通发票，发票的货物名称栏选择“农村电网维护费”，税率选择“免税”。

（1）单位的财税人员应及时关注税收法律法规动向，定期对本企业、本行业适用的税收法规进行梳理，对于法规解读确实无须缴费的业务，及时进行相应的减免税处理，以减少企业的税负。

（2）如果从营销系统导入农村电网维护费收入的开票信息（货物名称、金额和税率）与业务内容不一致，建议及时完善单位营销系统，保证业财税信息一致，减少涉税风险。

（三）工程质量保障金的涉税处理

1. 案例描述

某房地产公司与甲建筑施工公司进行工程进度结算，结算价为1 000万元（含增值税），房地产企业支付900万元（含增值税）给施工企业，扣押施工企业质量保证金100万元（含增值税）。甲建筑施工公司就房地产公司扣押的质量保证金100万元，向房地产公司开具9%的增值税普通发票。建设方与总承包方进行工程结算时，扣押的质量保证金部分，总承包方给建设方开具增值税发票而提前缴纳增值税，占用了企业的流动资金。甲建筑施工公司的会计核算为：

借：其他应收款——应收房地产企业扣押质量保证金100万元

贷：工程结算［发包方扣押质量保证金÷(1+9%)］91.74万元

应交税费——应交增值税（增值税销项税）［发包方扣押质量

保证金÷(1+9%)×9%] 8.26万元

如果甲建筑施工公司被房地产公司扣押的质量保证金为100万元，且没有向房地产公司开具9%的增值税普通发票，甲建筑施工公司的会计核算为：

借：其他应收款——应收房地产企业扣押质量保证金100万元

贷：工程结算［发包方扣押质量保证金/(1+9%)］91.74万元

应交税费——应交增值税（待转销项税额）［发包方扣押质量保证金/(1+9%)×9%］8.26万元

质保期过后，甲建筑施工公司收到发包方支付的质押金、保证金时，甲建筑施工公司的会计核算为：

借：应交税费——应交增值税（待转销项税额）［发包方扣押质量保证金/(1+9%)×9%］8.26万元

贷：应交税费——应交增值税（增值税销项税）［发包方扣押质量保证金/(1+9%)×9%］8.26万元

2. 税收政策规定

(1)《财政部、国家税务总局关于全面推开营业税改征增值税试点的通知》(财税〔2016〕36号)

纳税人提供应税服务并收讫销售款项或者取得索取销售款项凭据的当天；先开具发票的，为开具发票的当天。

(2)《关于在境外提供建筑服务等有关问题的公告》(国家税务总局公告2016年第69号)

纳税人提供建筑服务，被工程发包方从应支付的工程款中扣押的质押金、保证金，未开具发票的，以纳税人实际收到质押金、保证金的当天为纳税义务发生时间。

3. 涉税处理建议

甲建筑施工公司针对发包方从工程款中扣押质量保证金的问题，为了节约资金流，提高资金使用效益，在签订总承包合同时，根据上述政策规定，甲建筑施工公司可与发包方协商，尤其是在发包方无抵扣需求的情况下，可以在建筑承包合同中约定质量保证金发票开具条款。例如，双方约定：发包方扣押质量保证金时，施工企业不就发包方扣押的质量保证金开具发票；质保期过后，施工企业收到发包方支付的质量保证金时，选择一般计税方法计征增值税的施工企业开具9%税率的建筑服务业增值税专用发票（业主能够抵扣增值税进项的情况下）或增值税普通发票（业主不能抵扣增值税进项税的情况下）；选择简易计税方法计征增值税的施工企业开具3%税率的建筑服务业增值税专用发票（业主能够抵扣增值税进项的情况下）或增值税普通发票（业主不能抵扣增值税进项税的情况下）。

（四）价外费用未计销售收入的涉税处理

1. 案例描述

甲公司售电给乙公司，合同金额30万元，根据合同约定，乙公司应在30日之内向甲公司全额支付货款。后乙公司由于管理原因延迟付款，甲公司按照合同约定向乙公司收取延迟付款利息5 000元，收取的延迟付款利息未开具发票，在会计核算上计入营业外收入，且未计提增值税销项税额。

2. 税收政策规定

（1）《中华人民共和国增值税暂行条例》（2017年修订）

第六条，销售额为纳税人发生应税销售行为收取的全部价款和价外费用，但是不包括收取的销项税额。

（2）《中华人民共和国增值税暂行条例实施细则》（财政部、税务总局令第65号）

第十二条，《中华人民共和国增值税暂行条例》（2008修订）第六条第一款所称价外费用，包括价外向购买方收取的手续费、补贴、基金、集资费、返还利润、奖励费、违约金、滞纳金、延期付款利息、赔偿金、代收款项、代垫款项、包装费、包装物租金、储备费、优质费、运输装卸费以及其他各种性质的价外收费。

3. 涉税处理建议

本案例中，甲公司按照合同约定向乙公司收取的延迟付款利息5 000元属于价外费用，应计入产品销售收入，并计提增值税销项税额缴纳增值税。

企业应当正确理解价外费用的内涵，掌握常用的价外费用名目，梳理本企业可能涉及的价外收费，并按销售货物、服务和不动产适用税率计提增值税销项税额。此外，尤其需要注意，对收取的价外费用应当换算为不含税收入再按照适用税率计算缴纳增值税，并视价外费用所属销售业务的性质确定开具增值税专用发票还是增值税普通发票；

对于价外费用单独开票还是与销售额一起开在同一张发票上，也应当做好把控。

（五）转售电业务的涉税处理

1. 案例描述

某小型水力发电站属一般纳税人，其自填表售电度数与账列结算度数存在差异（如2018年企业自发电部分填写的售电量为30 818 860度，而截至12月的账列结算单售电量为43 124 715度），纳税申报收入949万元（=43 124 715×0.22元/度）且全部适用3%的税率，超过自发售电量部分的转售电部分电量未按13%税率计算申报增值税，少缴增值税23万元。

2. 税收政策规定

（1）《财政部、国家税务总局关于部分货物适用增值税低税率和简易办法征收增值税政策的通知》（财税〔2009〕9号）

一般纳税人销售自产的下列货物，可选择按照简易办法依照6%征收率（按照财税〔2014〕57号文将6%征收率调整为3%征收率）计算缴纳增值税：县级及县级以下小型水力发电单位生产的电力。小型水力发电单位，是指各类投资主体建设的装机容量为5万千瓦以下（含5万千瓦）的小型水力发电单位。

（2）《关于简并增值税征收率政策的通知》（财税〔2014〕57号）

《财政部、国家税务总局关于部分货物适用增值税低税率和简易办法征收增值税政策的通知》（财税〔2009〕9号）第二条第（三）项和第三条依照6%征收率调整为依照3%征收率。

3. 涉税处理建议

该小型水力发电企业生产的电力可按简易办法适用3%征收率征税。小型水电企业从其他小型水电企业购进电力进行“转供电”，可能存在将其购进的非自发电收入未按13%税率计算增值税的风险。

（1）企业应区分自发电收入与转供电收入并分别核算，按各自适用税率申报缴纳增值税。

（2）企业财务人员应关注企业电力产品销售走向及企业往来账务，梳理相关税收法规，严格按照税法规定准确填报纳税申报表。

（六）逾期电费收入的涉税处理

1. 案例描述

甲公司 2020 年 6 月将逾期（超过合同约定时间）未退还的电费保证金及无法退回的电费 5 万元计入营业外收入，未计提增值税。

2. 税收政策规定

《电力产品增值税征收管理办法》（总局令〔2004〕10 号）

电力产品增值税的计税销售额为纳税人销售电力产品向购买方收取的全部价款和价外费用，但不包括收取的销项税额。价外费用是指纳税人销售电力产品在目录电价或上网电价之外向购买方收取的各种性质的费用。供电企业收取的电费保证金，凡逾期（超过合同约定时间）未退还的，一律并入价外费用缴纳增值税。

3. 涉税处理建议

本案例中，甲公司对于逾期未退还的电费保证金及无法退回的电费 5 万元应作为销售电力产品的价外费用，并于确认收入当期计提增值税销项税额。

为避免售电相关滞纳金、罚款长期挂账，企业应建立往来账清理机制，定期清理与电费相关的往来账，尤其是长期挂账事项，及时将满足收入确认条件的保证金、预收款等进行收入结转，同时计提缴纳增值税。

（七）委托贷款利息的涉税处理

1. 案例描述

近日，某地税务局对甲公司实施稽查时，发现该公司“财务费用”科目有大量红字冲减记录。经逐一核对记账凭证和原始凭证，发现红字冲减均为收取乙公司委托贷款的利息收入。进一步查证委托贷款合同，确认了甲公司将闲置资金委托银行贷款，发放和收回委托贷款本金通过“其他应收款”科目核算，取得利息收入则用红字冲减“财务费用”科目，未按规定申报缴纳增值税。税务部门遂依法追补了甲公司少缴纳的税款，并处相应罚款、加收滞纳金，三项合计 58 万元。

2. 税收政策规定

（1）《企业会计准则（2006 年版）应用指南》

“1303 贷款”科目核算企业（银行）按规定发放的各种客户贷款，包括质押贷款、抵押贷款、保证贷款、信用贷款等。企业委托银行或其他金融机构向其他单位贷出的款项，可将本科目改为“1303 委托贷款”科目。

本科目可按贷款类别、客户，分别“本金”“利息调整”“已减值”等进行明细核算。

资产负债表日，应按委托贷款的合同本金和合同利率计算确定的应收未收利息，借记“应收利息”科目，按委托贷款的摊余成本和实际利率计算确定的利息收入，贷记“利息收入”科目（企业不设该科目时则使用其他业务收入代替），按其差额，借记或贷记本科目（利息调整）。合同利率与实际利率差异较小的，也可以采用合同利率计算确定利息收入。

收回委托贷款时，应按客户归还的金额，借记“银行存款”科目，按收回的应收利息金额，贷记“应收利息”科目，按归还的委托贷款本金，贷记本科目（本金），按其差额，贷记“利息收入”科目。存在利息调整余额的，应同时结转。

会计报表披露：《企业会计准则》规定，根据实际情况，在“其他流动资产”、“一年内到期的非流动资产”或“其他非流动资产”列示。

（2）《财政部、国家税务总局关于全面推开营业税改征增值税试点的通知》（财税〔2016〕36 号）

增值税纳税义务、扣缴义务发生时间为：（一）纳税人发生应税行为并收讫销售款项或者取得索取销售款项凭据的当天；先开具发票的，为开具发票的当天。收讫销售款项，是指纳税人销售服务、无形资产、不动产过程中或者完成后收到款项。取得索取销售款项凭据的当天，是指书面合同确定的付款日期；未签订书面合同或者书面合同未确定付款日期的，为服务、无形资产转让完成的当天或者不动产权属变更的当天。

3. 涉税处理建议

按照上述规定，甲公司委托银行发放贷款，应通过“1303 委托贷款”科目进行会计核算，取得的利息收入应计入“其他业务收入”科目，同时按“贷款服务”确认增值税纳税义务，以实际缴纳的增值税税额为计税依据缴纳城市维护建设税、教育费附加和地方教育附加。本案例中，甲公司以“本金挂往来、利息冲财务费用”这一错误的会计核算方式核算，且未确认增值税纳税义务少缴税款，由此被处以罚款和加收滞纳金，建议该公司完善企业财务制度，规范会计核算，依法诚信纳税，避免违法而造成不良后果。

（八）混合销售行为的涉税处理

1. 案例描述

甲公司为电力管理咨询企业，主营业务为提供咨询设计服务，在为企业提供设计服务的同时，代企业购买设备（平价转让），20××年7月为乙公司提供设计服务，收入100万元，同时根据设计代乙公司购买设备200万元，取得专用发票，再以自己的名义销售给乙公司200万元，开具增值税专用发票。本案例中，设计服务及设备销售均按6%的税率缴纳增值税。

2. 税收政策规定

《财政部、国家税务总局关于全面推开营业税改征增值税试点的通知》（财税〔2016〕36号）

一项销售行为如果既涉及货物又涉及服务，为混合销售。从事货物的生产、批发或者零售的单位和个体工商户的混合销售行为，按照销售货物缴纳增值税；其他单位和个体工商户的混合销售行为，按照销售服务缴纳增值税。

3. 涉税处理建议

根据财税〔2016〕36号文的规定，混合销售是按主营业务来确认增值税税率。若上述业务属于混合销售，服务与设备属于一项销售行为且密不可分，则可按混合销售处理；如不符合，则应分别适用服务与货物税率确认增值税纳税义务。建议严格按照混合销售的政策规定确认业务性质是否属于混合销售行为，进而按照本企业的主营业务确认开票税率或区分服务与销售货物行为分别单独开票，降低涉税风险。

（九）混合销售和兼营业务的涉税处理

1. 案例描述

甲公司主营电气设备以及相关配件的销售。由于甲公司销售的电气设备以及相关配件等在安装使用时均须在专业人员指导下进行，故甲公司在销售该产品的同时会派遣公司专业人员前往施工现场进行电气设备的安装使用指导，在与客户签订销售合同时也会列明产品、设备的销售金额以及提供现场指导的服务费金额。在确认相关纳税义务时，甲公司就产品销售和服务费收入分别按对应税率确认增值税纳税义务。税务机关认为上述业务属于混合销售，责成甲公司合并计算缴纳增值税3万余元。

2. 税收政策规定

（1）《财政部、国家税务总局关于全面推开营业税改征增值税试点的通知》（财税〔2016〕36号）

一项销售行为如果既涉及服务又涉及货物，为混合销售。从事货物的生产、批发或者零售的单位和个体工商户的混合销售行为，按照销售货物缴纳增值税；其他单位和个体工商户的混合销售行为，按照销售服务缴纳增值税。

（2）《关于明确中外合作办学等若干增值税征管问题的公告》（国家税务总局公告2018年第42号）

一般纳税人销售自产机器设备的同时提供安装服务，应分别核算机器设备和安装服务的销售额，安装服务可以按照甲供工程选择适用简易计税方法计税。

一般纳税人销售外购机器设备的同时提供安装服务，如果已经按照兼营的有关规定，分别核算机器设备和安装服务的销售额，安装服务可以按照甲供工程选择适用简易计税方法计税。

纳税人对安装运行后的机器设备提供的维护保养服务，按照“其他现代服务”缴纳增值税。

3. 涉税处理建议

《财政部、国家税务总局关于全面推开营业税改征增值税试点的通知》（财税〔2016〕36号）规定了混合销售行为从主业缴纳增值税的规定，在此基础上，《关于明确中外合作办学等若干增值税征管问题的公告》（国家税务总局公告2018年第42号）明确了对于销售自产机器设备的同时提供安装服务，不属于混合销售行为，应按销售货物与提供服务分别计算缴纳增值税；对于销售外购机器设备的同时提供安装服务，如果已经分别核算的，则可选择按销售货物与提供安装服务分别计算缴纳增值税。

本案例中，甲公司销售自产设备产品并提供现场安装使用指导服务，可适用国家税务总局公告2018年第42号的规定。要注意的是，对于国家税务总局公告2018年第42号适用的对象是机器设备，甲公司应区分销售的货物是否属于机器设备的范畴，谨慎适用该公告里的政策规定。

（十）职工宿舍的涉税处理

1. 案例描述

某企业系增值税一般纳税人，该企业于2020年12月专门新建了一栋职工宿舍楼，装修标准较高，宿舍功能完善，建造成本不含税为5 000万元，另取得相关建筑服务进项税为450万元；每间宿舍购置了电视、热水器、家具、分体式空调等固定资产，不含税价合计为200万元，另取得相关进项税26万元，相关设备均在2016年底办理了竣工验收手续。2021年1月，该企业职工免费入住该职工宿舍楼，但需按月支付水电、有线电视、网络等费用10万元。因职工宿舍楼专门用于集体福利，企业取得的建筑服务增值税进项税额和设备进项税额未抵扣。企业向职工收取的水电费用属于非经营活动，未缴纳增值税。企业支付的宿舍水电费用等系用于集体福利，相关进项税做转出处理。

2. 税收政策规定

（1）《财政部、国家税务总局关于全面推开营业税改征增值税试点的通知》（财税〔2016〕36号）

第二十七条，下列项目的进项税额不得从销项税额中抵扣：

（一）用于简易计税方法计税项目、免征增值税项目、集体福利或者个人消费的购进货物、加工修理配劳务、服务、无形资产和不动产。其中涉及的固定资产、无形资产、不动产，仅指专用于上述项目的固定资产、无形资产（不包括其他权益性无形资产）、不动产。

第十条，销售服务、无形资产或者不动产，是指有偿提供服务、有偿转让无形资产或者不动产，但属于下列非经营活动的情形除外：

…………

（三）单位或者个体工商户为聘用的员工提供服务。

（2）《中华人民共和国增值税暂行条例》（2017年修订）

第一条，在中华人民共和国境内销售货物或者提供加工、修理修配劳务以及进口货物的单位和个人，为增值税的纳税人，应当依照本条例缴纳增值税。

（3）《中华人民共和国增值税暂行条例实施细则》（财政部、税务总局令第50号）

第二条　《中华人民共和国增值税暂行条例》（2008年修订）第一条所称货物，是指有形动产，包括电力、热力、气体在内。

（4）《国家税务总局福建省税务局2021年4月12366咨询热点难点问题集》

“18. 一般纳税人企业无偿提供宿舍给员工住宿，但根据实际用电量与员工结算电费，这部分收入是否需要缴纳增值税？企业取得电力公司开具这部分电费收入的增值税专用发票，是否可以用于进项税额抵扣？

答：《中华人民共和国增值税暂行条例》（2017修订）第一条规定：‘在中华人民共和国境内销售货物或者提供加工、修理修配劳务以及进口货物的单位和个人，为增值税的纳税人，应当依照本条例缴纳增值税。’

根据《中华人民共和国增值税暂行条例实施细则》（财政部、税务总局令第50号）第二条规定：‘条例第一条所称货物，是指有形动产，包括电力、热力、气体在内。……’

因此，企业根据实际用电量与职工结算电费，应按照销售货物缴纳增值税。企业取得电力公司开具的这部分收入的增值税专用发票，可用于进项税额抵扣。”

3. 涉税处理建议

本案例中，企业支付宿舍的水电费用，同时也向员工全额收取，说明并非是用于集体福利，属于转售应税货物，应按照销售货物缴纳增值税。需关注的是，若企业向员工收取的水电费的价格明显偏低，应按公允价格作为计算纳税义务的销售额。

企业取得电力公司开具的这部分收入的增值税专用发票，可以用于进项税额抵扣。对此问题，国家税务总局福建省税务局也做出了明确。

（十一）手续费收入的涉税处理

1. 案例描述

甲公司2020年6月取得手续费收入210万元，其中代征基金手续费收入200万，个人所得税手续费返还收入10万元。

2. 税收政策规定

（1）《财政部、国家税务总局关于全面推开营业税改征增值税试点的通知》（财税〔2016〕36号）

第十条，销售服务、无形资产或者不动产，是指有偿提供服务、有偿转让无形资产或者不动产，但属于下列非经营活动的情形除外：

（一）行政单位收取的同时满足以下条件的政府性基金或者行政事业

性收费。

1. 由国务院或者财政部批准设立的政府性基金，由国务院或者省级人民政府及其财政、价格主管部门批准设立的行政事业性收费；

2. 收取时开具省级以上（含省级）财政部门监（印）制的财政票据；

3. 所收款项全额上缴财政。

（二）单位或者个体工商户聘用的员工为本单位或者雇主提供取得工资的服务。

（三）单位或者个体工商户为聘用的员工提供服务。

（四）财政部和国家税务总局规定的其他情形。

（2）《财政部、国家税务总局关于全面推开营业税改征增值税试点的通知》（财税〔2016〕36号）（附件1：销售服务、无形资产、不动产注释）

商务辅助服务，包括企业管理服务、经纪代理服务、人力资源服务、安全保护服务。

经纪代理服务，是指各类经纪、中介、代理服务，包括金融代理、知识产权代理、货物运输代理、代理报关、法律代理、房地产中介、职业中介、婚姻中介、代理记账、拍卖等。

3. 涉税处理建议

本案例中，甲公司为政府有关部门提供的代征代缴、代扣代缴服务，属于商务辅助服务项下的经纪代理服务，是单位基于代征代缴、代扣代缴行为取得的手续费收入，并非行政给付行为，不属于行政单位收费，需要按规定计算缴纳增值税。甲公司2020年6月应计提增值税销项税额为：

$$210 \div 1.06 \times 6\% = 11.89\text{（万元）}$$

对于依法律、行政法规应履行代扣代缴、代收代缴义务的纳税人，或按照双方自愿原则与政府有关部门签订代征协议的纳税人，如果从政府部门取得货币等经济利益，凡是不属于政府性基金、行政事业收费等非经营活动收入的，均应按规定缴纳增值税。同时，建议企业财务人员主动建立与机构所在地税务机关的日常沟通机制，对于日常经营中的涉税疑难问题，及时与税务机关沟通解决，以便有效降低涉税风险。

（十二）收取个人赔偿款的涉税处理

1. 案例描述

甲公司出租房屋给在职员工A，租期为3年（2017年12—2020年11月），员工A先付房租定金1万元，后员工A在2017年11月1日告知甲公司不再租赁该房屋，即终止了房屋租赁协议。甲公司收取了员工A先付的房租定金1万元，按照房租开具增值税专用发票，税率为9%，并在备注栏注明违约金。

2. 税收政策规定

《中华人民共和国增值税暂行条例实施细则》（财政部、税务总局令第50号）

第十二条，《中华人民共和国增值税暂行条例》（2008年修订）第六条第一款所称价外费用，包括价外向购买方收取的手续费、补贴、基金、集资费、返还利润、奖励费、违约金、滞纳金、延期付款利息、赔偿金、代收款项、代垫款项、包装费、包装物租金、储备费、优质费、运输装卸费以及其他各种性质的价外收费。

3. 涉税处理建议

赔偿金列为价外费用计算征收增值税，必须是在增值税应税行为发生的前提下，以“价外向购买方收取”的形式取得，才能作为计算征收增值税的依据；如果增值税应税行为未发生，纳税义务没有形成，则销货方向购买方收取的赔偿金就不属于随“价外向购买方收取”，而仅作为一种违约赔偿，列为营业外收入，无须缴纳增值税。

（十三）出租房屋收取押金的涉税处理

1. 案例描述

2019年甲公司出租自有房屋给乙公司，在租房屋过程中，一次性收取对方1年租金109万元，押金10.9万元。房屋租赁已到期，押金已经逾期1年未退回，未缴纳增值税。

2. 税收政策规定

（1）《中华人民共和国增值税暂行条例》（2017年修订）

第六条，销售额为纳税人发生应税销售行为收取的全部价款和价外费用，但是不包括收取的销项税额。

（2）《中华人民共和国增值税暂行条例实施细则》（财政部、税务总局令第50号）

第十二条，《中华人民共和国增值税暂行条例》（2008年修订）第六条第一款所称价外费用，包括价外向购买方收取的手续费、补贴、基金、集资费、返还利润、奖励费、违约金、滞纳金、延期付款利息、赔偿金、代收款项、代垫款项、包装费、包装物租金、储备费、优质费、运输装卸费以及其他各种性质的价外收费。

3. 涉税处理建议

出租房屋收取的押金在收取环节既不是销售价款，也不是价外费用，收取时不缴纳增值税；如果根据房屋租赁合同约定不予退还押金的，则应并入租金缴纳增值税。

（十四）购买金融产品的涉税处理

1. 案例描述

甲公司2020年计划用企业闲置资金进行投资，于2020年购买H基金管理公司的基金产品50万，取得基金分红收益2.5万。

2. 税收政策规定

《财政部、国家税务总局关于明确金融、房地产开发、教育辅助服务等增值税政策的通知》（财税〔2016〕140号）

《财政部、国家税务总局关于全面推开营业税改征增值税试点的通知》（财税〔2016〕36号）附件1，第一条第（五）项第1点所称“保本收益、报酬、资金占用费、补偿金”，是指合同中明确承诺到期本金可全部收回的投资收益。金融商品持有期间（含到期）取得的非保本的上述收益，不属于利息或利息性质的收入，不征收增值税。

3. 涉税处理建议

《财政部、国家税务总局关于明确金融、房地产开发、教育辅助服务等增值税政策的通知》财税〔2016〕140号规定，企业投资理财产品，如果是保本的，则取得的收益应按贷款服务缴纳增值税；如果是非保本的，则取得的收益不需缴纳增值税。目前发行的基金产品大部分都属于非保本的基金，取得基金分红不需缴纳增值税。但目前还是存在少量的以前发行的保本基金，取得这类基金的基金分红应当缴纳增值税。

（十五）代收代付业务的涉税处理

1. 案例描述

甲公司代乙公司向丙公司购买货物，甲公司先代乙公司垫付资金给丙公司，甲公司记账为：

借：其他应收款

　贷：现金

甲公司收到丙公司开出的发票，发票的抬头为乙公司，甲公司将发票和货物给乙公司，乙公司付款给甲公司，甲公司开具收据给乙公司，甲公司做账为：

借：现金

　贷：其他应收款

2. 税收政策规定

《财政部、国家税务总局关于增值税、营业税若干政策规定的通知》（财税字〔1994〕26号）

代购货物行为，凡同时具备以下条件的，不征收增值税；不同时具备以下条件的，无论会计制度规定如何核算，均征收增值税。

（一）受托方不垫付资金；

（二）销货方将发票开具给委托方，并由受托方将该项发票转交给委托方；

（三）受托方按销售方实际收取的销售额和增值税额（如系代理进口货物，则为海关代征的增值税额）与委托方结算货款，并另外收取手续费。

3. 涉税处理建议

上述案例中甲公司代购行为因垫付了资金，不符合《财政部、国家税务总局关于增值税、营业税若干政策规定的通知》（财税字〔1994〕26号）关于代购货物的规定，不能适用代购政策，而应按采购和销售行为处理，即：采购货物可取得甲公司抬头的增值税专用发票，抵扣进项；交付给委托方时应按销售处理确认增值税纳税义务，可以甲公司名义向委托方开具增值税发票。

（十六）终止销售合同收到赔偿款的涉税处理

1. 案例描述

甲公司与一家客户签订了一份三个月的供销合同，合同约定了售价（三个月内价格不变）、数量及订金；因价格变动太大，三个月后此合同未执行完，客户单方面提出终止合同，经双方协商，客户同意对未提货部分按一定的赔偿价进行赔偿。

2. 税收政策规定

（1）《中华人民共和国增值税暂行条例》（2017 年修订）

第六条，销售额为纳税人销售货物或者应税劳务向购买方收取的全部价款和价外费用，但是不包括收取的销项税额。

（2）《中华人民共和国增值税暂行条例实施细则》（财政部、税务总局令第 50 号）

第十二条，《中华人民共和国增值税暂行条例》（2008 年修订）第六条第一款所称价外费用，包括价外向购买方收取的手续费、补贴、基金、集资费、返还利润、奖励费、违约金、滞纳金、延期付款利息、赔偿金、代收款项、代垫款项、包装费、包装物租金、储备费、优质费、运输装卸费以及其他各种性质的价外收费。

（3）《关于修订〈增值税专用发票使用规定〉的通知》（国税发〔2006〕156 号）

第二条，专用发票，是增值税一般纳税人（以下简称“一般纳税人”）销售货物或者提供应税劳务开具的发票，是购买方支付增值税额并可按照增值税有关规定据以抵扣增值税进项税额的凭证。

3. 涉税处理建议

赔偿金列为价外费用计算征收增值税，必须是以增值税应税行为发生为前提，销售方“价外向购买方收取”的形式取得，才能作为计算征收增值税的依据；如果增值税应税行为未发生，纳税义务没有形成，则销货方向购买方收取的赔偿金就不属于随“价外向购买方收取”，而仅作为一种违约赔偿，无须缴纳增值税。

上述案例中因价格变动太大，合同未得以执行，因此甲公司收取的赔偿金不属于价外费用，无须缴纳增值税，也无须就收取的赔偿金向客户开具发票。

（十七）劳务派遣的涉税风险

1. 案例描述

甲公司与乙公司签订劳务派遣协议，甲公司为甲方，乙公司为乙方，协议约定乙方为甲方提供劳务派遣服务；甲方向乙方支付的费用包括：①乙方支付员工的工资；②乙方支付员工的社会保险、住房公积金费用；

③乙方应甲方要求提供商业保险、福利的费用；④乙方对派遣员工的管理费用（每月 80 元/人）。

但甲公司在实际操作中，每月直接将支付给派遣员工的工资支付给员工个人，实际支付给乙公司的费用仅包括企业及个人应缴纳的社会保险、住房公积金及每月 400 元（共 5 人）的管理费。2019 年 6 月，乙公司仅就收取的 400 元管理费开具发票内容为“＊人才资源服务费”、税率为 5%、应纳税额为 19.05 元的增值税专用发票。甲公司将每月直接支付给派遣员工的工资计入应付职工薪酬——工资科目，支付给派遣公司代缴的社保、住房公积金计入应付职工薪酬下的社会保险费、住房公积金科目。

2. 税收政策规定

《财政部、国家税务总局关于进一步明确全面推开营改增试点有关劳务派遣服务、收费公路通行费抵扣等政策的通知》（财税〔2016〕47 号）

一般纳税人提供劳务派遣服务，以取得的全部价款和价外费用为销售额，按照一般计税方法计算缴纳增值税；也可以选择差额纳税，以取得的全部价款和价外费用，扣除代用工单位支付给劳务派遣员工的工资、福利和为其办理社会保险及住房公积金后的余额为销售额，按照简易计税方法 5% 的征收率计算缴纳增值税。选择差额纳税的纳税人，向用工单位收取用于支付给劳务派遣员工工资、福利和为其办理社会保险及住房公积金的费用，不得开具增值税专用发票，可以开具普通发票。

3. 涉税处理建议

甲公司未严格按劳务派遣协议执行，取得的乙公司的发票金额也仅为管理费金额，与实际支出不一致，且甲公司实际支出现金流与取得税前扣除凭证金额不一致。乙公司既没有按一般计税方法就取得的全部价款按 6% 的税率计税，也没有以取得的全部价款扣除代甲公司支付给派遣员工的社保、公积金后的余额差额计税，而是每月仅就取得的管理费用开具 5% 税率的发票。

（1）建议甲公司严格按照双方协议约定，将支付给派遣员工的工资、社保、住房公积金、管理费等直接支付给派遣公司，并从派遣公司取得发票金额与支出总额相等的增值税发票。

（2）劳务派遣公司可以选择一般计税方法计税或者选择差额方式征税，其中，选择差额征税方式的，可开具劳务派遣差额纳税发票，并且实际税负与一般计税方法相比税负较小。一般情况下劳务派遣公司都是采取差额计税的方法，实际工作中企业可通过税负的具体测算和管理需要选择恰当的合作方式。

（十八）收到违约金的涉税风险

1. 案例描述

甲公司收到合同违约金未做收入处理，也未计提销项税额，应予以补提。经核实，2016—2018 年度，甲公司就该事项应补提增值税销项税 257 660.09 元，其中：2016 年应补提 36 726.34 元，2017 年应补提 65 618.84 元，2018 年应补提 155 314.91 元。

2. 税收政策规定

（1）《中华人民共和国增值税暂行条例实施细则》（财政部、税务总局令第 50 号）

第十二条，《中华人民共和国增值税暂行条例》（2008 年修订）第六条第一款所称价外费用，包括价外向购买方收取的手续费、补贴、基金、集资费、返还利润、奖励费、违约金、滞纳金、延期付款利息、赔偿金、代收款项、代垫款项、包装费、包装物租金、储备费、优质费、运输装卸费以及其他各种性质的价外收费。

（2）《中华人民共和国增值税暂行条例》（2017 年修订）

第六条，销售额为纳税人销售货物或者应税劳务向购买方收取的全部价款和价外费用，但是不包括收取的销项税额。

3. 涉税处理建议

企业应当正确理解价外费用的内涵，掌握常用的价外费用名目，梳理本企业涉及的价外收费，在收到违约金、赔偿款等价外费用时，首先判断是否依“价”而生，是否依附于购销等业务存在，是否实质上属于增值税价外费用，属于价外费用的需按销售货物、服务和不动产适用税率计提增值税销项税额，尤其注意含税收入需换算为不含税收入，再按照适用税率计算缴纳增值税，税率与原合同一致。

（十九）无偿捐赠的涉税处理

1. 案例描述

甲公司为增值税一般纳税人，2019 年 2 月 1 日购入食品直接捐赠当地福利院，外购价格 50 000 元，取得普通发票；2019 年 7 月 15 日，向目标脱贫地区某县教育局捐赠外购学生书包 1 000 个，购入不含税价 108 元/个，取得增值税专用发票，进项税额 14 040 元。

2. 税收政策规定

（1）《中华人民共和国增值税暂行条例实施细则》（财政部、税务总局令第 50 号）

第四条，单位或者个体工商户的下列行为，视同销售货物：

…………

（八）将自产、委托加工或者购进的货物无偿赠送其他单位或者个人。

（2）《财政部、税务总局、国务院扶贫办关于扶贫货物捐赠免征增值税政策的公告》（财政部、税务总局、国务院扶贫办公告 2019 年第 55 号）

自 2019 年 1 月 1 日至 2022 年 12 月 31 日，对单位或者个体工商户将自产、委托加工或购买的货物通过公益性社会组织、县级及以上人民政府及其组成部门和直属机构，或直接无偿捐赠给目标脱贫地区的单位和个人，免征增值税。“目标脱贫地区”包括 832 个国家扶贫开发工作重点县、集中连片特困地区县（新疆阿克苏地区 6 县 1 市享受片区政策）和建档立卡贫困村。

3. 涉税处理建议

本案例中，甲公司 2019 年 2 月购入食品直接捐赠当地福利院应做视同销售处理并计算缴纳增值税，且取得的普通发票进项税不能抵扣（如取得专用发票则可抵扣进项）。甲公司 2019 年 7 月向目标脱贫地区教育机关捐赠外购学生书包免征增值税，对于购入时取得增值税专用发票并且已申报抵扣进项税额的，需做进项税额转出处理。

企业发生公益性捐赠行为时，应严格在视同销售行为与符合规定的扶贫捐赠之间进行区分，然后再参照对应的税收规定执行，避免由此产生的增值税税务风险。

（二十）试运行收入的涉税处理

1. 案例描述

甲公司 2018 年建成一条生产线，工程成本 2 000 万元，预计使用年限 10 年，试运行阶段产品收入为 500 万元，销售成本 200 万元，企业财务将试运行收入和成本计入在建工程核算。

2. 税收政策规定

《中华人民共和国增值税暂行条例》（2017 年修订）

第一条，在中华人民共和国境内销售货物或者加工、修理修配劳务（以下简称“劳务”），销售服务、无形资产、不动产以及进口货物的单位和个人，为增值税的纳税人，应当依照本条例缴纳增值税。

3. 涉税处理建议

新《企业会计准则》对在建工程试运行形成的产品如何处理并无明确规定，虽然在会计处理上甲公司将其放在在建工程核算，但是根据增值税暂行条例的基本精神，企业生产出来的产品，无论是试生产产品还是正式生产出来的产品，均属于应税产品，需要按照规定缴纳增值税，因此在税务处理上，甲公司应对试运行产生的收入按适用税率计提缴纳增值税。

（二十一）固定资产清理收入的涉税处理

1. 案例描述

甲公司 2020 年 6 月取得固定资产清理收入 10 万元，未计提增值税。其中输变电线路资产已使用 15 年，清理收入 8 万元；车辆已使用 10 年，清理收入 1 万元；办公用电子设备已使用 5 年，清理收入 1 万元。

2. 税收政策规定

（1）《中华人民共和国增值税暂行条例》（2017 年修订）

第十条，下列项目的进项税额不得从销项税额中抵扣：（一）购进固定资产。

（2）《财政部、国家税务总局关于全国实施增值税转型改革若干问题的通知》（财税〔2008〕170 号）

第一条，自 2009 年 1 月 1 日起，增值税一般纳税人（以下简称纳税人）购进（包括接受捐赠、实物投资）或者自制（包括改扩建、安装）固定资产发生的进项税额，可根据《中华人民共和国增值税暂行条例》（2008 修订）和《中华人民共和国增值税暂行条例实施细则》（财政部、税务总局令第 50 号）的有关规定，凭增值税专用发票、海关进口增值税专用缴款书和运输费用结算单据（以下简称“增值税扣税凭证”）从销项税额中抵扣。

第二条，纳税人允许抵扣的固定资产进项税额，是指纳税人 2009 年 1

月1日以后（含1月1日）实际发生，并取得2009年1月1日以后开具的增值税扣税凭证上注明的或者依据增值税扣税凭证计算的增值税税额。

(3)《财政部、国家税务总局关于部分货物适用增值税低税率和简易办法征收增值税政策的通知》（财税〔2009〕9号）

第二条，一般纳税人销售自己使用过的属于《中华人民共和国增值税暂行条例》（2008修订）第十条规定不得抵扣且未抵扣进项税额的固定资产，按简易办法依4%征收率减半征收增值税。

(4)《财政部、国家税务总局关于在全国开展交通运输业和部分现代服务业营业税改征增值税试点税收政策的通知》（财税〔2013〕37号）附件2

自2013年8月1日起，原增值税一般纳税人自用的应征消费税的摩托车、汽车、游艇，其进项税额准予从销项税额中抵扣。

(5)《关于简并增值税征收率政策的通知》（财税〔2014〕57号）

第一条，《财政部、国家税务总局关于部分货物适用增值税低税率和简易办法征收增值税政策的通知》（财税〔2009〕9号）第二条第（一）项和第（二）项中"按照简易办法依照4%征收率减半征收增值税"调整为"按照简易办法依照3%征收率减按2%征收增值税"。

(6)《关于营业税改征增值税试点期间有关增值税问题的公告》（国家税务总局公告2015年第90号）

纳税人销售自己使用过的固定资产，适用简易办法依照3%征收率减按2%征收增值税政策的，可以放弃减税，按照简易办法依照3%征收率缴纳增值税，并可以开具增值税专用发票。

(7)《财政部、国家税务总局关于全面推开营业税改征增值税试点的通知》（财税〔2016〕36号）

一般纳税人销售自己使用过的、纳入营改增试点之日前取得的固定资产，按照现行旧货相关增值税政策执行。使用过的固定资产，是指纳税人符合附件1《营业税改征增值税试点实施办法》第二十八条规定并根据财务会计制度已经计提折旧的固定资产。

3. 涉税处理建议

根据上述规定，一般纳税人销售自己使用过的属于在购入时按当时政策规定不得抵扣且未抵扣进项税额的固定资产，可选择简易办法依照3%征收率减按2%征收增值税（不可开具增值税专用发票）；也可放弃减税，按照简易办法依照3%征收率缴纳增值税（可以开具增值税专用发票）。

本案例中：①输变电线路资产清理收入8万元，该资产已使用15年，取得时间为2005年，按取得时的政策规定不得抵扣进项（2009年1月1日前购进固定资产取得的进项不得抵扣），按照销售使用过的固定资产相关增值税政策适用简易办法计税，可以选择开具增值税专用发票，并按3%税率计提缴纳增值税0.23万元（=8÷1.03×3%）；或者选择不开票或开具增值税普通发票，并按2%税率计提增值税0.16万元（=8÷1.03×2%）；②车辆清理收入1万元，该资产已使用10年，取得时间为2010年，按取得时的政策规定不得抵扣进项（2013年8月1日前购进应征消费税的摩托车、汽车取得的进项不得抵扣），按照现行销售使用过的固定资产相关增值税政策适用简易办法计税，可以选择开具增值税专用发票，并按3%计提增值税0.03万元（=1÷1.03×3%）；或者选择不开票或开具增值税普通发票，并按2%计提增值税0.02万元（=1÷1.03×2%）；③办公用电子设备清理收入1万元，该资产已使用5年，取得时间为2015年，按取得时的政策规定允许抵扣进项，此时无论是否真实抵扣过进项，均应按适用税率计提增值税。电子设备清理时的适用税率为13%，应计提增值税0.12万元（=1÷1.13×13%）。

企业计提增值税时应注意当期是否存在未在营业收入中核算的收入，汇总分析是否适用增值税相关规定缴纳增值税，并判断相关资产是否已按税法规定享受减免税优惠，以免多计或少计增值税。

对于相关政策做深入研究，谨慎判断不同类型固定资产清理收入适用的计税方式，同时企业应做好固定资产清理的管理工作，比如在资产清理清单中列明资本化时间等相关信息，并对资产做好分类统计。

（二十二）房租收入的涉税处理

1. 案例描述

甲公司2020年6月取得房租收入10万元，出租房产均为2016年4月30日前取得。其中取得外部非关联方房租收入8万元，房产所在地与机构所在地不在同一地区；取得外部非关联方房租收入1万元，房产所在地与机构所在地在同一地；外部关联方无偿使用房产1 000平方米，市场同期同类房产租赁费为20元/平方米，房产所在地与机构所在地在同一地；取得单位内部员工宿舍租金收入1万元。

2. 税收政策规定

（1）《财政部、国家税务总局关于全面推开营业税改征增值税试点的通知》（财税〔2016〕36号）

第十条，销售服务、无形资产或者不动产，是指有偿提供服务、有偿转让无形资产或者不动产，但属于下列非经营活动的情形除外：……（三）单位或者个体工商户为聘用的员工提供服务。

第十四条，下列情形视同销售服务、无形资产或者不动产：（一）单位或者个体工商户向其他单位或者个人无偿提供服务，但用于公益事业或者以社会公众为对象的除外。

第十八条，一般纳税人发生应税行为适用一般计税方法计税。一般纳税人发生财政部和国家税务总局规定的特定应税行为，可以选择适用简易计税方法计税，但一经选择，36个月内不得变更。

（2）《财政部、国家税务总局关于全面推开营业税改征增值税试点的通知》（财税〔2016〕36号）附件1

现代服务，是指围绕制造业、文化产业、现代物流产业等提供技术性、知识性服务的业务活动，包括租赁服务和其他现代服务。

（3）《纳税人提供不动产经营租赁服务增值税征收管理暂行办法》（国家税务总局公告2016年第16号）

第三条，一般纳税人出租其2016年4月30日前取得的不动产，可以选择适用简易计税方法，按照5%的征收率计算应纳税额。不动产所在地与机构所在地不在同一县（市、区）的，纳税人应按照上述计税方法向不动产所在地主管国税机关预缴税款，向机构所在地主管国税机关申报纳税。

第七条，纳税人出租不动产适用简易计税方法计税的，除个人出租住房外，按照以下公式计算应预缴税款：

$$\text{应预缴税款} = \text{含税销售额} \div (1+5\%) \times 5\%$$

3. 涉税处理建议

本案例中，甲公司出租的房产均为2016年4月30日前取得，根据上述规定，应税房租收入均可选择适用简易计税方法，按照5%的征收率计算应纳税额。①取得外部非关联方房租收入8万元，房产所在地与机构所在地不在同一地区。取得房租收入时按5%的征收率计提增值税0.38万元（=8÷1.05×5%），并向不动产所在地主管税务机关预缴增值税税款0.38万元，向机构所在地主管税务机关申报纳税。②取得外部非关联方房租收入 1 万元，房产所在地与机构所在地在同一地。取得房租收入时按 5% 的征收率计提增值税 0.05 万元（=1÷1.05×5%）。③外部关联方无租使用房产 1 000 平方米，市场同期同类房产租赁费为 20 元/平方米，房产所在地与机构所在地在同一地，应确认视同销售收入 1.9 万元（=1 000×20÷1.05），按 5% 的征收率计提增值税 0.01 万元（=1 000×20÷1.05×5%）。④取得员工宿舍租金收入 1 万元，全部为出租给内部员工使用，该行为属于单位为聘用的员工提供服务，无须缴纳增值税。

由于房租收入涉税处理较为复杂，建议企业单独设置台账进行管理，房租收入台账应设置房产所在地、取得房产时间、出租面积、承租对象、租金、付款方式、付款期限等字段，以便根据适用的不同税收条款做出适当的纳税处理。

把握不同计税方法的税负。一般纳税人出租其 2016 年 4 月 30 日前取得的不动产，可以选择适用简易计税方法，按照 5% 的征收率计算应纳税额，也可以不选择简易计税方法而是按照一般计税方法计税，两种计税方法哪种能给企业带来最小的税负和最大的收益（如在有进项长期留抵的情况下且不可申请留抵退税，选择一般计税方法更合适），需要企业相关税务人员做好合理测算并平衡好纳税风险。需注意的是，财税〔2016〕36 号文规定：一般纳税人发生财政部和国家税务总局规定的特定应税行为，可以选择适用简易计税方法计税，但一经选择，36 个月内不得变更。

（二十三）供应商返利的涉税处理

1. 案例描述

甲公司主营电力设施器材制造与销售、机械电气设备制造与销售，销售给购货方乙公司 10 000 元商品，年底完成目标，第二年返利 3 390 元。

（1）第一年的会计处理：

借：应收账款等	10 000
贷：主营业务收入	8 849.56
应交税费——应交增值税（销项税额）	1 150.44
借：主营业务收入——折扣	3 000
贷：预计负债	3 000

注意：企业所得税按照所有权转移作为纳税义务发生时间，会计上计提的现金返利3 000元汇算清缴时要做纳税调增处理。

（2）第二年，实际开具红字折扣发票抵顶货款等时：

借：预计负债	3 000	
贷：应收账款等		3 390
应交税费——应交增值税（销项税额）		-390

注意：预提返利在会计上应冲减销售收入，但税法上只有在实际开票时才能冲减销项税额。以上税务处理各地可能会有不同，建议与当地主管税务机关沟通，采用当地的通用做法。

2. 税收政策规定

（1）《关于纳税人折扣折让行为开具红字增值税专用发票问题的通知》（国税函〔2006〕1279号）

纳税人销售货物并向购买方开具增值税专用发票后，由于购货方在一定时期内累计购买货物达到一定数量，或者由于市场价格下降等原因，销货方给予购货方相应的价格优惠或补偿等折扣、折让行为，销货方可按《增值税专用发票使用规定》开具红字增值税专用发票，即货币返利可以开具红字发票。

（2）《中华人民共和国增值税暂行条例实施细则》（财政部、税务总局令第50号）

第四条，将自产、委托加工或者购进的货物无偿赠送其他单位或者个人，增值税应视同销售。实物返利应当视同销售处理。

3. 涉税处理建议

甲公司的现金返利不属于无偿赠送，应冲减收入并开具红字增值税专用发票。

（二十四）建筑甲供工程的涉税处理

1. 案例描述

甲公司为某电力企业，现甲乙双方签订建筑工程施工合同，甲方提供水、电（占比仅为合同总额的10%），乙方提供其他主要材料及辅助材料，乙方就自行采购的材料部分全额做进项税抵扣。

2. 税收政策规定

《财政部、国家税务总局关于全面推开营业税改征增值税试点的通知》

（财税〔2016〕36号）附件2

一般纳税人为甲供工程提供的建筑服务，可以选择适用简易计税方法计税。

3. 涉税处理建议

甲供工程是指全部或部分设备、材料、动力由工程发包方自行采购的建筑工程。因此，甲供不仅仅是指甲方自行采购全部或部分材料，也包括甲方自行采购全部或部分设备、动力。只要甲方提供了用于该工程项目的材料、设备、燃料或动力，不论金额大小占比多少，均符合甲供工程的特征，只要与发包方达成一致意见，发包方同意的情况下，施工企业就可以选择简易计税方法计征增值税。

（二十五）分支机构以总机构名义参加工程活动的涉税处理

1. 案例描述

甲公司主营电力工程、建筑工程、通信工程、市政公用工程总承包，通过招投标中标一项电力工程施工项目，与发包方签订一份总承包合同，然后甲公司通过招投标选中乙公司作为专业分包人，与乙公司签订专业分包合同，但是乙公司没有施工技术团队，将其与甲公司签订的专业分包合同中约定的工程范围，全部交给其财务独立核算的分支机构丙公司进行施工。

2. 税收政策规定

《关于进一步明确营改增有关征管问题的公告》（国家税务总局公告2017年第11号）

…………

建筑企业与发包方签订建筑合同后，以内部授权或者三方协议等方式，授权集团内其他纳税人（以下称“第三方”）为发包方提供建筑服务，并由第三方直接与发包方结算工程款的，由第三方缴纳增值税并向发包方开具增值税发票，与发包方签订建筑合同的建筑企业不缴纳增值税。发包方可凭实际提供建筑服务的纳税人开具的增值税专用发票抵扣进项税额。

3. 涉税处理建议

（1）乙公司开具增值税发票给甲公司的行为构成虚开增值税专用发票的违法行为。由于本案例中乙公司具有专业分包施工资质，与总包甲公司签订专业分包合同。为了实行增值税进项税额的抵扣，依据增值税抵扣的合同流、资金流和票据流的统一性，甲的工程款付给专业分包方乙公司，向乙索取增值税专用发票。可是乙公司没有参与施工，而是将全工程交给其分支机构丙公司来完成，因此乙公司构成虚开增值税发票的行为。

(2) 财务独立核算的分支机构丙公司无法抵扣增值税进项税额。

由于总机构乙跟发包方甲签订工程总承包合同，虽然工程是分支机构丙负责施工的，但是发包方一般只认可总机构乙，不认可分支机构丙，在工程结算和支付工程款问题上，发包方一般只会将工程款支付给总机构乙，必然向总机构乙索取增值税发票，而不会将工程款支付给分支机构丙，向分支机构丙索取增值税发票。由于分支机构丙实行财务独立核算，分支机构丙必须在总机构乙的授权下，对外与有关材料供应商、输配电及控制设备出租方和建筑劳务分包商分别签订合同，所有的成本发票（增值税进项税额抵扣的增值税专用发票）必须开给分支机构丙，结果出现增值税进项发票上的抬头是丙的名字，而发包方又主张因为总机构乙与其签订了总承包合同，要求乙开具增值税发票，结果增值税销项税发票的抬头为乙的名字。根据增值税抵扣制度的规定，要实现抵扣增值税进项税，必须要求增值税销项税专用发票（收入票）与增值税进项税专用发票（成本票）上抬头的名字是同一家公司。因此，增值税销项税专用发票（收入票）抬头是总机构乙的名字，增值税进项税专用发票（成本票）上抬头是分支机构丙的名字，作为增值税独立纳税人的分支机构不能实现抵扣增值税进项税额。

(3) 为了解决以上存在的法律和税收风险，依据国家税务总局公告 2017 年第 11 号第二条的规定，总机构乙与总承包方甲通过协商，如果总承包方甲公司同意以下两个条件：①同意与分支机构丙结算工程款；②同意接受分支机构丙向其开具的增值税发票。则总机构乙、分支机构丙和总承包方甲必须签订三方补充协议，协议中明确以下三点：

一是总机构乙授权分支机构丙全权代表与总承包方甲签订的专业分包合同中的各项约定事项，为发包方甲提供工程施工服务。

二是分支机构直接与发包方结算工程款，发包方甲按照工程进度，依据甲与乙的结算单，将工程款转入分支机构丙的银行账户。

三是分支机构缴纳增值税并向发包方甲公司开具正规合法的增值税专

用发票。

二、适用税率

（一）承接配电网工程的涉税处理

1. 案例描述

2020年5月8日，A市建设方甲公司，与B市承建方乙公司签订施工合同，总金额为5 000万元，并在合同中约定按一般计税，开具专票。5月30日，乙公司预收备料款500万元，只开具了收款收据；6月8日，乙公司进场施工，其是否需要预缴增值税。

2. 税收政策规定

《关于建筑服务等营改增试点政策的通知》（财税〔2017〕58号）

第三条，纳税人提供建筑服务取得预收款，应在收到预收款时以取得的预收款扣除支付的分包款后的余额，按照本条第三款规定的预征率预缴增值税。

适用一般计税方法计税的项目预征率为2%，适用简易计税方法计税的项目预征率为3%。

3. 涉税处理建议

乙公司跨市施工，进场前的预收需按规定预缴增值税，适用一般计税方法计税的项目预征率为2%，适用简易计税方法计税的项目预征率为3%。按照现行规定，应在建筑服务发生地预缴增值税，乙公司收到预收款时在建筑服务发生地预缴增值税。按照现行规定无须在建筑服务发生地预缴增值税的项目，乙公司收到预收款时在机构所在地预缴增值税。

（二）设备维修保养服务的涉税处理

1. 案例描述

某企业主要从事电力设施的修理修配、维护保养业务，2019年度实现维护保养收入1 130万元，公司会计按增值税率13%做账。

借：银行存款　　　　1 130万元

贷：主营业务收入 1 000 万元

应交税费——应交增值税——销项税额 130 万元

2. 税收政策规定

（1）《中华人民共和国增值税暂行条例》（2017 年修订）

在中华人民共和国境内销售货物或者提供加工、修理修配劳务以及进口货物的单位和个人，为增值税的纳税人，应当依照本条例缴纳增值税。

（2）《关于明确中外合作办学等若干增值税征管问题的公告》（国家税务总局公告 2018 年第 42 号）

第六条，纳税人对安装运行后的机器设备提供的维护保养服务，按照“其他现代服务”缴纳增值税。

3. 涉税处理建议

维护保养服务通常是日常检测、维护、保养，使之干净、整洁、运行正常等业务，服务对象不包括“损伤和丧失功能”的货物，对于后者应按照“其他现代服务”缴纳增值税，一般计税应适用 6% 的增值税税率。

（三）租赁“营改增”前取得设备的涉税处理

1. 案例描述

甲公司属于增值税一般纳税人，2016 年 12 月，该公司与客户签订租赁合同，共取得车辆出租价税合计收入 117 万元；车辆系 2012 年营改增前取得，甲公司按简易计税方式对该笔车辆出租业务缴纳增值税。

2. 税收政策规定

《财政部、国家税务总局关于全面推开营业税改征增值税试点的通知》（财税〔2016〕36 号）附件 2

第六条，以纳入营改增试点之日前取得的有形动产为标的物提供的经营租赁服务，可以采取简易计税方式。

3. 涉税处理建议

按照上述规定，如果一般纳税人提供租赁服务的设备是在营改增之前购入的，营改增之前租赁服务缴纳营业税，购进的设备不需要做进项税额抵扣；营改增之后税法对该部分设备的出租给予简易计税的优惠，一方面保证了增值税抵扣链条的完整，另一方面保证了纳税人的税负不因营改增而增加。

（四）提供出租服务的涉税处理

1. 案例描述

甲公司出租一片场地，该场地为公司 2014 年底取得，请问对该场地需计算缴纳增值税税额。

2. 税收政策规定

《财政部　国家税务总局关于全面推开营业税改征增值税试点的通知》（财税〔2016〕36 号）附件 2

第一条，对于不动产经营租赁服务的计税方法有如下规定：

一般纳税人出租其 2016 年 4 月 30 日前取得的不动产，可以选择适用简易计税方法，按照 5% 的征收率计算应纳税额。纳税人出租其 2016 年 4 月 30 日以前取得的与机构所在地不在同一县（市）的不动产，应按照上述计税方法在不动产所在地预缴税款后，向机构所在地主管税务机关进行纳税申报。

一般纳税人出租其 2016 年 5 月 1 日后取得的、与机构所在地不在同一县（市）的不动产，应按照 3% 的预征率在不动产所在地预缴税款后，向机构所在地主管税务机关进行纳税申报。

3. 涉税处理建议

出租的场地为甲公司 2016 年 4 月 30 日前取得的不动产，可以选择适用简易计税方法，按照 5% 的征收率计算应纳税额。

（五）开票税率与实际业务不符的涉税处理

1. 案例描述

甲公司在外购原材料时，收到同一类型货物但不同单位开出不同税率的发票，如购进菜油、玉米、小麦淀粉、生粉，A 公司开出的增值税专用发票的税率为 9%，B 公司开出的发票税率为 13%；甲公司未进行确认，直接按票面税额抵扣。

2. 税收政策规定

《农业产品征税范围注释》（财税字〔1995〕52 号）

粮食复制品是以粮食为原材料加工的切面、饺子皮、馄饨皮、米粉等，但不包括以粮食为原料加工的速冻食品、方便面、副食品和各种熟食品。食用植物油按《增值税部分货物征税范围注释》（国税发〔1993〕151号）确定，即食用植物油是指芝麻油、花生油、豆油、菜籽油、米糠油、葵花子油、玉米胚油、茶油、胡麻油、棕榈油和棉籽油，以及以上述油为原料生产的混合油。

3. 涉税处理建议

现行税法规定，粮食复制品和食物植物油的增值税税率都是9%，在实际划分时，按照《农业产品征税范围注释》（财税字〔1995〕52号）中对粮食复制品的注释执行。

企业外购玉米适用增值税税率9%的货物，如票面开具增值税税率为13%，则属不规范开具发票，不能作为扣税凭证。企业应将不规范的增值税专用发票退回销售方，按正确的税率重新开具专用发票。

（六）购买银行理财收益的涉税处理

1. 案例描述

2018年1月15日，甲公司购买A型号银行理财产品500万元，投资期限150天，预期年化收益率4.61%。甲公司与银行签订的A型号银行理财产品投资协议规定，A型号理财产品为非保本浮动收益性理财产品，投资到期后，银行不保证本金和收益，风险水平等级变为中等。2018年2月，甲公司又购买该银行的B型号理财产品300万元，投资期限104天，预期年化收益率3.3%。甲公司与银行签订的B型号银行理财产品投资协议规定，B型号理财产品为保本浮动收益理财产品，投资到期后，银行只保证理财产品资金本金而不保证理财收益，风险等级为无风险。甲将购买的上述理财产品持有至到期，并取得银行支付的预期年化收益，未缴纳增值税。

2. 税收政策规定

《财政部、国务税务总局关于明确金融房地产开发教育辅助服务等增值税政策的通知》（财税〔2016〕140号）

《财政部、国家税务总局关于全面推开营业税改征增值税试点的通知》（财税〔2016〕36号）附件1第一条第（五）项第1点所称“保本收益、报酬、资金占用费、补偿金”，是指合同中明确承诺到期本金可全部收回的投资收益。金融商品持有期间（含到期）取得的非保本的上述收益不属于利息或利息性质的收入，不征收增值税。

3. 涉税处理建议

企业购买银行理财取得保本收益是要交增值税的，非保本收益不交增值税。保本收益一般纳税人增值税税率为6%，小规模纳税人增值税税率为3%。账务处理计入投资收益科目。

甲公司购买的A型号理财产品为非保本浮动收益性理财产品，银行不保证本金和收益，不属于利息或利息性质收入，不缴纳增值税；甲公司购买的B型号理财产品为保本浮动收益性理财产品，银行只保证理财产品资金本金而不保证理财收益，但因其保本特性，投资收益属于利息或利息性质收入，应缴纳增值税。

（七）购进光伏电代征增值税的涉税处理

1. 案例描述

甲公司从事光伏发电项目，直接销售给电网公司所属企业，并按适用税率自行开具增值税发票。

2. 税收政策规定

（1）《关于国家电网公司购买分布式光伏发电项目电力产品发票开具等有关问题的公告》（国家税务总局公告2014年第32号）

第二条，光伏发电项目发电户销售电力产品，按照税法规定应缴纳增值税的，可由国家电网公司所属企业按照增值税简易计税办法计算并代征增值税税款，同时开具普通发票；按照税法规定可享受免征增值税政策的，可由国家电网公司所属企业直接开具普通发票。

第三条，本公告所称发电户，为《中华人民共和国增值税暂行条例》（2008修订）及实施细则规定的“其他个人和不经常发生应税行为的非企业性单位”。

（2）《中华人民共和国增值税暂行条例实施细则》（财政部、税务总局令第50号）

第九条，《中华人民共和国增值税暂行条例》（2008年修订）第一条所称单位，是指企业、行政单位、事业单位、军事单位、社会团体及其他单位。条例第一条所称个人，是指个体工商户和其他个人。

（3）《财政部、国家税务总局关于继续执行光伏发电增值税政策的通知》（财税〔2016〕81号）

自2016年1月1日至2018年12月31日，对纳税人销售自产的利用太阳能生产的电力产品，实行增值税即征即退50%的政策。

3. 涉税处理建议

电网公司所属企业从分布式光伏发电项目发电户（其他个人和不经常发生应税行为的非企业性单位）处购买电力产品，由电网公司所属企业按照增值税简易计税办法计算并代征增值税税款。如果是经常发生增值税应税行为的公司，则不应当适用上述政策；且财税〔2016〕81号于2018年12月31日到期后再无延续优惠政策，应按销售货物现行增值税政策确认增值税纳税义务，即甲公司为一般纳税人的，销售光伏发电项目的电力产品应适用13%的税率，甲公司为小规模纳税人的，销售光伏发电项目发的电力产品应适用3%的税率。

（八）建筑工程老项目的涉税处理

1. 案例描述

甲公司是一般纳税人，请思考：为建筑工程老项目提供建筑服务，进行涉税处理。

2. 税收政策规定

（1）《财政部、国家税务总局关于全面推开营业税改征增值税试点的通知》（财税〔2016〕36号）附件2

一般纳税人以清包工方式提供的建筑服务，可以选择适用简易计税方法计税。以清包工方式提供建筑服务，是指施工方不采购建筑工程所需的材料或只采购辅助材料，并收取人工费、管理费或者其他费用的建筑服务。

一般纳税人为甲供工程提供的建筑服务，可以选择适用简易计税方法计税。甲供工程，是指全部或部分设备、材料、动力由工程发包方自行采购的建筑工程。

一般纳税人为建筑工程老项目提供的建筑服务，可以选择适用简易计税方法计税。建筑工程老项目是指：①《建筑工程施工许可证》注明的合同开工日期在2016年4月30日前的建筑工程项目；②未取得《建筑工程施工许可证》的，建筑工程承包合同注明的开工日期在2016年4月30日前的建筑工程项目。

（2）《关于发布〈纳税人跨县（市、区）提供建筑服务增值税征收管理暂行办法〉的公告》（国家税务总局公告2016年第17号）

第三条，《建筑工程施工许可证》未注明合同开工日期，但建筑工程承包合同注明的开工日期在2016年4月30日前的建筑工程项目，属于财税〔2016〕36号文件规定的可以选择简易计税方法计税的建筑工程老项目。

3. 涉税处理建议

甲公司为建筑工程老项目提供的建筑服务，可以按照财税〔2016〕36号文件的规定选择适用简易计税方法，适用3%征收率计算缴纳增值税。

三、进项税抵扣

（一）货物发生非正常损失的涉税处理

1. 案例描述

甲公司为一般纳税人，主要业务为提供设计服务，适用一般计税方法。2019年5月，该企业购进复印纸张，取得增值税专用发票列明的货物金额10万元，运费1万元，并于当月认证抵扣。2019年7月，该企业由于管理不善造成上述复印纸张全部丢失。

纳税人购进货物因管理不善造成的丢失，应于发生的当月将已抵扣的货物及运输服务的进项税额进行转出。应转出的进项税额 $= 100\ 000 \times 13\% + 10\ 000 \times 9\% = 13\ 900$ 元，具体会计处理如下：

借：待处理财产损溢——待处理流动资产损失

　　贷：库存商品

　　　　应交税金——应交增值税（进项税额转出）

2. 税收政策规定

《中华人民共和国增值税暂行条例》（2017年修订）

第十条，下列项目的进项税额不得从销项税额中抵扣：（一）用于简易计税方法计税项目、免征增值税项目、集体福利或者个人消费的购进货物、劳务、服务、无形资产和不动产；（二）非正常损失的购进货物，以及相关的劳务和交通运输服务；（三）非正常损失的在产品、产成品所耗用的购进货物（不包括固定资产）、劳务和交通运输服务；（四）国务院规定的其他项目。

3. 涉税处理建议

纳税人购进的货物发生因管理不善造成的被盗、丢失、霉烂变质，或因违反法律法规造成的依法没收、销毁、拆除情形，其购进货物以及相关的加工修理修配劳务和交通运输服务所抵扣的进项税额应进行转出。

（二）货物用于集体福利的涉税处理

1. 案例描述

甲公司为一般纳税人，适用一般计税方法。2021 年 5 月 1 日，该企业购进洗涤剂准备用于销售，取得增值税专用发票列明的增值税额 1 万元，当月认证抵扣。2021 年 7 月，甲公司将所购进的该批次洗涤剂全部用于职工食堂，当月将已抵扣的 1 万元进行进项税额转出。具体会计处理如下：

借：应付职工薪酬——职工福利费

　　贷：原材料

　　　　应交税费——应交增值税（进项税额转出）

2. 税收政策规定

《中华人民共和国增值税暂行条例》（2017 年修订）

第十条，下列项目的进项税额不得从销项税额中抵扣：（一）用于简易计税方法计税项目、免征增值税项目、集体福利或者个人消费的购进货物、劳务、服务、无形资产和不动产；（二）非正常损失的购进货物，以及相关的劳务和交通运输服务；（三）非正常损失的在产品、产成品所耗用的购进货物（不包括固定资产）、劳务和交通运输服务；（四）国务院规定的其他项目。

3. 涉税处理建议

纳税人已抵扣进项税额的购进货物（不含固定资产）、劳务、服务，用于集体福利和个人消费的，应当将已经抵扣的进项税额从当期进项税额中转出；无法确定该进项税额的，按照当期实际成本计算应转出的进项税额。

（三）福利性支出的涉税处理

1. 案例描述

甲公司当年发生员工宿舍租金支出，取得增值税专用发票 3 万元；

进行税额 0.27 万（3×9%），计入应交税费——增值税——进项税科目，当年未做进项转出处理。

2. 税收政策规定

《中华人民共和国增值税暂行条例》（2017 年修订）

第十条，下列项目的进项税额不得从销项税额中抵扣：（一）用于简易计税方法计税项目、免征增值税项目、集体福利或者个人消费的购进货物、劳务、服务、无形资产和不动产；……

3. 涉税处理建议

本案例中，甲公司列支员工宿舍租赁支出属于集体福利性质，上述费用即使取得了抵扣凭证，其进项税额均不得从销项税额中抵扣，已抵扣的，需要做进项转出处理。

企业应按国家规定的福利费开支范围和列支标准使用福利费，并加强对福利费以及福利费流向的管理，福利费发生对外支出时，应取得增值税普通发票；若获取了增值税专用发票，规范处理为先做进项抵再做进项税额转出，或直接勾选不抵扣并在增值税纳税申报表中申报。

（四）未上缴直接发生的工会经费的涉税处理

1. 案例描述

甲公司于 2018 年计提工会经费 50 万元，未超过工资、薪金总额 2% 的扣除限额。当年，该公司实际上交工会经费 30 万元并取得工会经费收入专用收据，未上缴直接发生的工会经费 5 万元，剩余 15 万元已计提并列支在成本费用中；截至 2018 年汇算清缴结束时，仍尚未上缴上级工会，未取得工会经费收入专用收据或工会经费代收凭据。

2. 税收政策规定

《中华人民共和国增值税暂行条例》（2017 年修订）

第十条，下列项目的进项税额不得从销项税额中抵扣：（一）用于简易计税方法计税项目、免征增值税项目、集体福利或者个人消费的购进货物、劳务、服务、无形资产和不动产；……

3. 涉税处理建议

本案例中，甲公司通过工会经费科目直接发生但未上缴上级工会的 5 万元属于集体福利支出，依据规定，其进项税额不得从销项税额中抵扣。

企业应按国家规定的工会经费开支范围和列支标准使用工会经费，对企业代职工组织管理支出而取得的增值税专用发票进项税额，也不得从销项税额中抵扣，已抵扣的应做进项税转出处理。

（五）适用一般计税方法兼营简易计税、免税项目的涉税处理

1. 案例描述

甲公司为一般纳税人，主要提供货物运输服务和装卸搬运服务，其中货物运输服务适用一般计税方法，装卸搬运服务选择适用简易计税方法。甲公司2020年7月缴纳当月电费11.3万元，取得增值税专用发票并于当月认证抵扣，且该进项税额无法在货物运输服务和装卸搬运服务间划分。甲公司当月取得货物运输收入6万元，装卸搬运服务4万元。

甲公司因兼营简易计税项目而无法划分所取得进项税额的，按照公式计算应转出的进项税额为：应转出的进项税额 =113 000 ÷（1 +13%）×40 000 ÷（40 000 +60 000）=40 000 元。具体会计处理如下：

借：管理费用

　　贷：应交税金——应交增值税（进项税额转出）

2. 税收政策规定

《中华人民共和国增值税暂行条例实施细则》（2011 年修订）

第二十六条，一般纳税人兼营免税项目或者非增值税应税劳务而无法划分不得抵扣的进项税额的，按下列公式计算不得抵扣的进项税额：

不得抵扣的进项税额 = 当月无法划分的全部进项税额 × 当月免税项目销售额、非增值税应税劳务营业额合计 ÷ 当月全部销售额、营业额合计

3. 涉税处理建议

适用一般计税方法的纳税人兼营简易计税项目、免税项目而无法划分的，不得抵扣的进项税额应按照下列公式计算不得抵扣的进项税额：

不得抵扣的进项税额 = 当期无法划分的全部进项税额 ×（当期简易计税方法计税项目销售额 + 免征增值税项目销售额）÷ 当期全部销售额

（六）发生销售折让、中止或者退回的购货方的涉税处理

1. 案例描述

甲公司为一般纳税人，2020 年 5 月租赁办公用房一间，当月预付一年

租金126万元，已取得增值税专用发票并于当月认证抵扣；2020年10月，该企业因房屋质量问题停止租赁，收到退回的剩余部分租金63万元，并开具了《开具红字增值税专用发票信息表》。

税务处理如下：甲公司因销售中止而收到退还的剩余价款，应于开具《开具红字增值税专用发票信息表》的当月进行进项税额转出。应转出的进项税额 $=630\ 000\div(1+5\%)\times5\%=30\ 000$ 元，具体会计处理如下：

借：银行存款　630 000

　贷：长期待摊费用　600 000

　　应交税金——应交增值税（进项税额转出）　30 000

2. 税收政策规定

《中华人民共和国增值税暂行条例实施细则》(2011年修订)

一般纳税人销售货物或者应税劳务，开具增值税专用发票后，发生销售货物退回或者折让、开票有误等情形，应按国家税务总局的规定开具红字增值税专用发票。未按规定开具红字增值税专用发票的，增值税额不得从销项税额中扣减。

3. 涉税处理建议

纳税人适用一般计税方法计税的，因销售折让、中止或者退回而退还给购买方的增值税额，购买方应暂依《开具红字增值税专用发票信息表》所列增值税税额从当期进项税额中转出，待取得销售方开具的红字专用发票后，与《开具红字增值税专用发票信息表》一并作为记账凭证。

（七）员工个人探亲车票的涉税处理

1. 案例描述

春节员工A回家探亲，公司制度规定允许报销春节期间来回高铁票，车票金额1 090元。

借：应付职工薪酬——福利费　1 000元

　应交税费——应交增值税（进项税额）　90元

　贷：银行存款　1 090元

需要做进项税额转出：

借：应付职工薪酬——福利费　90元

　贷：应交税费——应交增值税（进项税额转出）　90元

2. 税收政策规定

《关于深化增值税改革有关政策的公告》（财政部税务总局海关总署公告2019年第39号）

纳税人购进国内旅客运输服务，其进项税额允许从销项税额中抵扣。

（一）纳税人未取得增值税专用发票的，暂按照以下规定确定进项税额：

（1）取得增值税电子普通发票的，为发票上注明的税额；

（2）取得注明旅客身份信息的航空运输电子客票行程单的，为按照下列公式计算进项税额：航空旅客运输进项税额＝（票价＋燃油附加费）÷（1＋9%）×9%；

（3）取得注明旅客身份信息的铁路车票的，为按照下列公式计算的进项税额：铁路旅客运输进项税额＝票面金额÷（1＋9%）×9%；

（4）取得注明旅客身份信息的公路、水路等其他客票的，按照下列公式计算进项税额：公路、水路等其他旅客运输进项税额＝票面金额÷（1＋3%）×3%。

3. 涉税处理建议

只有与公司生产经营管理相关的车票才可以抵扣增值税，对于专门用于福利、招待、免税项目活动的出差车票，不得计算抵扣增值税。因此，拿到车票后一定要看看车票的用途是否为用于公司管理经营。如果企业发生的旅客运输服务支出是服务于免税或简易计税项目，或是给员工提供集体福利、个人消费等情形的，对应的进项税额不得抵扣。（提示：对用于旅游福利或者个人消费的车票，若是已经计算抵扣了，应及时做进项税额转出。）

（八）农村电网维护费的涉税处理

1. 案例描述

甲公司2020年6月取得增值税收入1 000万元，其中农村电网维护费收入50万元。农村电网维护费支出对应的增值税进项税额2万元，安保、物业管理等无法分清支出对应的增值税进项税额1万元。

2. 税收政策规定

（1）《财政部、国家税务总局关于免征农村电网维护费增值税问题的

通知》（财税字〔1998〕47 号）

对农村电管站在收取电价时一并向用户收取的农村电网维护费（包括低压线路损耗和维护费以及电工经费）给予免征增值税的照顾。

（2）《中华人民共和国增值税暂行条例》（2017 年修订）

第十条，下列项目的进项税额不得从销项税额中抵扣：（一）用于简易计税方法计税项目、免征增值税项目、集体福利或者个人消费的购进货物、劳务、服务、无形资产和不动产；（二）非正常损失的购进货物，以及相关的劳务和交通运输服务；（三）非正常损失的在产品、产成品所耗用的购进货物（不包括固定资产）、劳务和交通运输服务；（四）国务院规定的其他项目。

（3）《中华人民共和国增值税暂行条例实施细则》（2011 修订）

第二十六条，一般纳税人兼营免税项目或者非增值税应税劳务而无法划分不得抵扣的进项税额的，按下列公式计算不得抵扣的进项税额：不得抵扣的进项税额 = 当月无法划分的全部进项税额 × 当月免税项目销售额、非增值税应税劳务营业额合计 ÷ 当月全部销售额、营业额合计。

3. 涉税处理建议

本案例中，依照规定供电单位对于免税项目对应的进项税额不得从销项税额中抵扣，对于无法分清的进项税额，应按免税收入占比计算不可抵扣金额。该单位当月应进项转出金额为：$2+1\times50\div1\ 000=2.05$ 万元。

对于存在免税项目的单位，应关注无法分清具体用途的费用性支出所对应的进项税额是否已按规定计算转出，并关注转出的进项税额是否按照对应税收法规规定的计算方法计算增值税进项税额。

（九）道路通行费的涉税处理

1. 案例描述

甲公司是一家从事交通运输服务的增值税一般纳税人，2019 年 5 月，A 企业支付高速公路通行费 10.3 万元，取得的收费公路通行费增值税电子普通发票上注明的增值税额为 0.3 万元；桥、闸通行费共计 10.5 万元，取得了相应的通行费发票（共 45 份）。

2. 税收政策规定

《关于租入固定资产进项税额抵扣等增值税政策的通知》（财税〔2017〕90 号）

第七条，自 2018 年 1 月 1 日起，纳税人支付的道路、桥、闸通行费，按照以下规定抵扣进项税额：

（一）纳税人支付的道路通行费，按照收费公路通行费增值税电子普通发票上注明的增值税额抵扣进项税额。

2018 年 1 月 1 日至 6 月 30 日，纳税人支付的高速公路通行费，如暂未能取得收费公路通行费增值税电子普通发票，可凭取得的通行费发票（不含财政票据）上注明的收费金额，按照下列公式计算可抵扣的进项税额：高速公路通行费可抵扣进项税额 = 高速公路通行费发票上注明的金额 ÷（1 + 3%）× 3%。

2018 年 1 月 1 日至 12 月 31 日，纳税人支付的一级、二级公路通行费，如暂未能取得收费公路通行费增值税电子普通发票，可凭取得的通行费发票上注明的收费金额按照下列公式计算可抵扣进项税额：一级、二级公路通行费可抵扣进项税额 = 一级、二级公路通行费发票上注明的金额 ÷（1 + 5%）× 5%；

（二）纳税人支付的桥、闸通行费，暂凭取得的通行费发票上注明的收费金额按照下列公式计算可抵扣的进项税额：桥、闸通行费可抵扣进项税额 = 桥、闸通行费发票上注明的金额 ÷（1 + 5%）× 5%。

3. 涉税处理建议

本案例具体涉税业务处理如下：

（1）2018 年 7 月 1 日之后的高速公路通行费和 2019 年 1 月 1 日之后一级公路、二级公路通行费可抵扣进项税额为通行费增值税电子普通发票上注明的增值税额；

（2）桥、闸通行费可抵扣进项税额 = 桥、闸通行费发票上注明的金额 ÷（1 + 5%）× 5%；

（3）甲公司本月过桥过路费可抵扣进项税额 = 高速公路通行费可抵扣进项税额 + 桥、闸通行费可抵扣进项税额 = 0.3 + 0.5 = 0.8 万元。

（十）租入固定资产混用的涉税处理

1. 案例描述

甲公司 2020 年初租入不动产一栋，支付房租 1 050 万元，取得增值税专用发票上记载的进项税额 50 万元，这栋不动产既用于公司办公，又用于职工食堂。

2. 税收政策规定

《关于租入固定资产进项税额抵扣等增值税政策的通知》（财税〔2017〕90号）

自2018年1月1日起，纳税人租入固定资产、不动产，既用于一般计税方法计税项目，又用于简易计税方法计税项目、免征增值税项目、集体福利或者个人消费的，其进项税额准予从销项税额中全额抵扣。

3. 涉税处理建议

对于纳税人租入的固定资产，只要满足两个条件（一、使用期限超过12个月；二、属于机器、机械、运输工具以及其他与生产经营有关的设备、工具、器具等），即可按照财税〔2017〕90号文件规定全额抵扣进项税额，不需对简易计税方法计税项目、免征增值税项目、集体福利或者个人消费的部分做进项税转出。

（十一）购买内部职工食堂的炊具设备进项税处理

1. 案例描述

甲公司2020年初为职工食堂购买炊具等设备花费30万元，进项税额3.9万元已于2月抵扣。

2. 税收政策规定

《中华人民共和国增值税暂行条例》（2017年修订）

第十条，用于非增值税项目、免征增值税项目、集体福利和个人消费的购进货物或者应税劳务，不得抵扣进项税额。

3. 涉税处理建议

企业内部职工食堂的炊具设备属于集体福利，不得抵扣进项税额。

（十二）不动产发生非正常损失的涉税处理

1. 案例描述

甲公司2017年初自行建造一栋仓库，为该在建工程购进货物、设计服务和建筑服务总计400万元，进项税额44万元已于2月抵扣；同年3月中旬，该工程还没有达到预定可使用状态，由于该建筑违反相关法规，被管理部门强行拆除。

2. 税收政策规定

《财政部、国家税务总局关于全面推开营业税改征增值税试点的通知》（财税〔2016〕36号）

第二十七条，下列项目的进项税额不得从销项税额中抵扣：

……

（二）非正常损失的购进货物，以及相关的加工修理修配劳务和交通运输服务；

（三）非正常损失的在产品、产成品所耗用的购进货物（不包括固定资产）、加工修理修配劳务和交通运输服务；

（四）非正常损失的不动产，以及该不动产所耗用的购进货物、设计服务和建筑服务；

（五）非正常损失的不动产在建工程所耗用的购进货物、设计服务和建筑服务。纳税人新建、改建、扩建、修缮、装饰不动产，均属于不动产在建工程。

3. 涉税处理建议

甲公司的非正常损失，相关的已抵扣增值税进项税额应予以转出。

（十三）购买工作服的涉税处理

1. 案例描述

甲公司为员工统一购置工作服。取得增值税专用发票，并于当月认证抵扣。

2. 税收政策规定

《中华人民共和国增值税暂行条例》（2017年修订）

第十条，用于非增值税应税项目、免征增值税项目、集体福利或者个人消费的购进货物或者应税劳务的进项税额，以及国务院财政、税务主管部门规定的纳税人自用消费品，不得从销项税额中抵扣。

3. 涉税处理建议

对于发放给员工的服饰，进项税额抵扣需区分以下情形：

（1）属于“企业根据其工作性质和特点，由企业统一制作并要求员工工作时统一着装所发生的工作服饰费用”产生的进项税额，可以按规定抵扣进项税额；

（2）属于劳保范围的工作服产生的进项税额，可以按规定抵扣进项税额；

（3）属于职工福利费性质的服装或工会经费开支范围的服装，产生的进项税额不可抵扣进项税额。

（十四）购置花草树木的涉税处理

1. 案例描述

甲公司本月购进花草、树木 200 000 元，取得进项税金 26 000 元，用于企业的生产经营场所。其中，属地上附着物需栽培的树木 100 000 元，可移动的盆花 100 000 元。

2. 税收政策规定

《中华人民共和国增值税暂行条例》（2017 年修订）

第十条，下列项目的进项税额不得从销项税额中抵扣：（一）用于简易计税方法计税项目、免征增值税项目、集体福利或者个人消费的购进货物、劳务、服务、无形资产和不动产；（二）非正常损失的购进货物，以及相关的劳务和交通运输服务；（三）非正常损失的在产品、产成品所耗用的购进货物（不包括固定资产）、劳务和交通运输服务；（四）国务院规定的其他项目。

3. 涉税处理建议

从购回的花草、树木的使用来看，相关税务处理有两种类型：①购回的花草、树木用于生产经营，直接用于美化生产、经营场所，应该属于用于应税项目，所取得的进项税可以抵扣。②购回的花草、树木用于企业的福利部门，如员工宿舍、食堂等福利部门的，则符合新条例第十条（一）项的规定，属于用于非应税项目，所取得的进项税不可以抵扣。

（十五）因企业重组办理注销前的涉税处理

1. 案例描述

甲公司为增值税一般纳税人，拥有资产总计价值为 5 000 万元，同时留抵税额 100 万元，现将全部实物资产、负债、劳动力出售给乙公司（为增值税一般纳税人）。甲公司资产转让后未按程序办理注销税务登记。

2. 税收政策规定

《关于纳税人资产重组增值税留抵税额处理有关问题的公告》（国家税务总局公告2012年第55号）

增值税一般纳税人（以下称“原纳税人”）在资产重组过程中，将全部资产、负债和劳动力一并转让给其他增值税一般纳税人（以下称“新纳税人”），并按程序办理注销税务登记的，其在办理注销登记前尚未抵扣的进项税额可结转至新纳税人处继续抵扣。

3. 涉税处理建议

国家税务总局公告2012年第55号规定，纳税人资产重组增值税留抵税额要实现继续抵扣必须满足文件规定的两个条件，即：①增值税一般纳税人在资产重组过程中，必须把全部而不是部分资产、负债和劳动力一并转让给其他增值税一般纳税人；②资产转让后原增值税纳税人必须是按程序办理了注销税务登记的。

由于甲公司没有办理注销税务登记，不符合公告精神，甲公司100万元增值税留抵税额乙公司无法继续抵扣，应留在甲公司继续抵扣。

（十六）付款单位与购货单位不一致的涉税处理

1. 案例描述

有甲乙丙三家公司，甲公司欠乙公司11 700元，乙公司又欠丙公司23 400元。现甲销售货物给乙，乙销售货物给丙，三方协议内容如下：甲公司开具增值税专用发票11 700元给丙公司，货物直接运到丙公司以抵顶欠乙公司的11 700元欠款，丙公司减少乙公司的欠款。

2. 税收政策规定

（1）《关于加强增值税征收管理若干问题的通知》（国税发〔1995〕192号）

第一条，购进货物或应税劳务支付货款、劳务费用的对象。纳税人购进货物或应税劳务，支付运输费用，所支付款项的单位必须与开具抵扣凭证的销货单位、提供劳务的单位一致，才能够申报抵扣进项税额，否则不予抵扣。

（2）《关于纳税人对外开具增值税专用发票有关问题的公告》（国家税务总局公告2014年第39号）

纳税人通过虚增增值税进项税额偷逃税款，但对外开具增值税专用发票同时符合以下情形的，不属于对外虚开增值税专用发票：

（一）纳税人向受票方纳税人销售了货物，或者提供了增值税应税劳务、应税服务；

（二）纳税人向受票方纳税人收取了所销售货物、所提供应税劳务或者应税服务的款项，或者取得了索取销售款项的凭据；

（三）纳税人按规定向受票方纳税人开具的增值税专用发票相关内容，与所销售货物、所提供应税劳务或者应税服务相符，且该增值税专用发票是纳税人合法取得、并以自己名义开具的。

3. 涉税处理建议

上述案例中，甲公司发票直接开具给丙公司不符合规定，而是应先开具给乙公司，乙公司再行将发票开具给丙公司。乙公司收到发票时在账务上贷记“应收账款——甲公司”，再开具专用发票给丙公司，借记“应付账款——丙公司”抵顶欠账。实际物流即使是由甲公司代为运至丙公司，也是符合现行文件规定的，这样丙公司取得的乙公司开具的发票就可以抵扣。

（十七）集体福利活动的涉税处理

1. 案例描述

2016 年，一般纳税人甲公司账面工会经费发生额为 3 871. 80 元，进项税额为 658. 20 元；2017 年该公司账面工会经费发生额为 44 514. 31 元，其进项税额为 6 833. 69 元；2018 年该公司账面工会经费发生额为 350 238. 06 元，进项税额为 12 269. 64 元。以上工会经费均用于员工集体福利活动的食品饮品消费，但是部分进项税额未及时做转出处理。

2. 税收政策规定

《中华人民共和国增值税暂行条例》（2017 年修订）

第十条，下列项目的进项税额不得从销项税额中抵扣：（一）用于简易计税方法计税项目、免征增值税项目、集体福利或者个人消费的购进货物、劳务、服务、无形资产和不动产。

3. 涉税处理建议

本案例中，甲公司用于员工集体福利活动的食品饮品消费类购进货物，虽取得增值税专用发票，但是依照税法规定其进项税额不得从销项税额中扣除，对于该部分进项税额应做转出处理。

由于现行增值税制采取购进扣税法计税，一般纳税人不报、少报的销项税额或者多报的进项税额，即是其不缴或少缴的应纳增值税额；为了避免由此带来的涉税风险，企业税务相关人员应当明确进项税额不得抵扣的项目或者范围，对用于不可抵扣项目的购进货物对应的进项税部分，及时做转出处理。

四、简易计税

（一）土地转让的涉税处理

1. 案例描述

2019 年 10 月，甲公司直接转让一块土地给乙公司，土地面积为 100 亩，取得该土地时价款 1 000 万元，转让价为 1 800 万元。

2. 税收政策规定

《财政部、国家税务总局关于进一步明确全面推开营改增试点有关劳务派遣服务、收费公路通行费抵扣等政策的通知》（财税〔2016〕47 号）

第三条，纳税人转让 2016 年 4 月 30 日前取得的土地使用权，可以选择适用简易计税方法，以取得的全部价款和价外费用减去取得该土地使用权的原价后的余额为销售额，按照 5% 的征收率计算缴纳增值税。

3. 涉税处理建议

根据以上政策我们分析得出，如果甲公司取得的土地为 2016 年 4 月 30 日前取得的，既可以选择一般计税方法，也可以选择简易计税。选择简易计税可取得的全部价款和价外费用减去取得该土地使用权的原价后的余额为销售额，按照 5% 的征收率计算缴纳增值税。

A 公司土地为 2016 年 4 月 30 日后取得的，只能按照一般计税方法计税。

（二）代征国家重大水利工程建设基金的涉税处理

1. 案例描述

甲公司为市级供电企业，2020 年 6 月当月缴纳增值税 20 万元，代征国家重大水利工程建设基金 10 万元。请思考该公司相关业务的税务处理。

2. 税收政策规定

《财政部、国家税务总局关于免征国家重大水利工程建设基金的城市维护建设税和教育费附加的通知》(财税〔2010〕44 号)

经国务院批准，为支持国家重大水利工程建设，对国家重大水利工程建设基金免征城市维护建设税和教育费附加。

3. 涉税处理建议

根据上述政策，国家重大水利工程建设基金可免征城市维护建设税和教育费附加，以及地方教育附加。该供电公司当月缴纳城市维护建设税为 1.31 万元 [=(20 - 10 ×13%) ×7%]，缴纳教育费附加 0.56 万元 [=(20 - 10 ×13%) ×3%]，缴纳地方教育附加为 0.37 万元 [=(20 - 10 ×13%) ×2%]。

供电企业在计算当期应缴城市维护建设税、教育费附加、地方教育附加时，计算基数应注意是否已足额扣除国家重大水利工程建设基金对应的增值税额，避免增值税及附加税的重复计算，加重企业的税收负担。

五、发票管理

(一) 企业取得发票被认定为“异常凭证”的处理

1. 案例描述

2020 年 8 月 23 日，甲公司收到税务局告知有 2 张发票增值税专用发票列入异常凭证范围。

2. 税收政策规定

《关于异常增值税扣税凭证管理等有关事项的公告》(国家税务总局公告 2019 年第 38 号) 第三条规定，增值税一般纳税人取得的增值税专用发票列入异常凭证范围的，应按照以下规定处理：

(一) 尚未申报抵扣增值税进项税额的，暂不允许抵扣。已经申报抵扣增值税进项税额的，除另有规定外，一律做进项税额转出处理。

(二) 尚未申报出口退税或者已申报但尚未办理出口退税的，除另有规定外，暂不允许办理出口退税。适用增值税免抵退税办法的纳税人已经办理出口退税的，应根据列入异常凭证范围的增值税专用发票上注明的增值税额作进项税额转出处理；适用增值税免退税办法的纳税人已经办理出口退税的，税务机关应按照现行规定对列入异常凭证范围的增值税专用发票对应的已退税款追回。纳税人因骗取出口退税停止出口退（免）税期间取得的增值税专用发票列入异常凭证范围的，按照本条第（一）项规定执行。

（三）消费税纳税人以外购或委托加工收回的已税消费品为原料连续生产应税消费品，尚未申报扣除原料已纳消费税税款的，暂不允许抵扣；已经申报抵扣的，冲减当期允许抵扣的消费税税款，当期不足冲减的应当补缴税款。

（四）纳税信用A级纳税人取得异常凭证且已经申报抵扣增值税、办理出口退税或抵扣消费税的，可以自接到税务机关通知之日起10个工作日内，向主管税务机关提出核实申请。经税务机关核实，符合现行增值税进项税额抵扣、出口退税或消费税抵扣相关规定的，可不作进项税额转出、追回已退税款、冲减当期允许抵扣的消费税税款等处理。纳税人逾期未提出核实申请的，应于期满后按照本条第（一）项、第（二）项、第（三）项规定作相关处理。

（五）纳税人对税务机关认定的异常凭证存有异议，可以向主管税务机关提出核实申请。经税务机关核实，符合现行增值税进项税额抵扣或出口退税相关规定的，纳税人可继续申报抵扣或者重新申报出口退税；符合消费税抵扣规定且已缴纳消费税税款的，纳税人可继续申报抵扣消费税税款。

3. 涉税处理建议

（1）对列入异常凭证的发票按规定进行处理。

对于尚未申报抵扣增值税进项税额的，暂不抵扣。对于已经申报抵扣增值税进项税额的，根据纳税信用等级的不同进行处理，属于纳税信用A级的纳税人，可以自接到税务机关通知之日起10个工作日内，向主管税务机关提出核实申请，符合现行增值税进项税额抵扣相关规定的，可不做进项税额转出；不属于纳税信用A级的纳税人，应做进项税额转出处理。

（2）准备能够证明交易真实性的相关材料，积极与税务机关沟通。

对税务机关认定的异常凭证存有异议，可以向主管税务机关提出核实申请。《关于纳税人对外开具增值税专用发票有关问题的公告》（国家税务总局公告2014年第39号）规定了，纳税人通过虚增增值税进项税额偷逃税款，但对外开具增值税专用发票同时符合以下三种情形的，不属于对外虚开增值税专用发票。因此，受票方在与上游企业交易的过程中，平时应做到以下三点：

一是证实有真实的货物交易。受票方在交易过程中应注重保存双方货物交易的合同材料（如购销合同、运输合同等）、产品出入库单、过磅单等。

二是证实货款有真实的支付。受票方在向上游企业支付货款时，应尽量走对公账户，保存银行转账凭证等证实货款支付的单据。在支付款项时，还应当与合同、增值税专用发票上记载的金额保持一致。

三是取得合法、有效的增值税扣税凭证。受票方在接受上游企业开具发票时，应要求其开具与真实货物交易相符的增值税专用发票，开票方、货物名称、金额、数量都要与真实交易相对应，不得存在“变名”销售的情形。

（二）增值税发票备注栏不符合规定的处理

1. 案例描述

甲公司取得的增值税专票中有部分发票备注栏未按税务局有关规定填写。例如提供建筑服务，未在发票的备注栏注明建筑服务发生地县（市、区）名称及项目名称；提供运输服务，未将起运地、到达地、车种车号以及运输货物信息等内容填写在发票备注栏中。

2. 税收政策规定

（1）《关于全面推开营业税改征增值税试点有关税收征收管理事项的公告》（国家税务总局公告2016年第23号）

增值税发票开具。

……

（三）提供建筑服务，纳税人自行开具或者税务机关代开增值税发票时，应在发票的备注栏注明建筑服务发生地县（市、区）名称及项目名称；

（五）出租不动产，纳税人自行开具或者税务机关代开增值税发票时，应在备注栏注明不动产的详细地址。

(2)《关于停止使用货物运输业增值税专用发票有关问题的公告》(国家税务总局公告 2015 年第 99 号)

增值税一般纳税人提供货物运输服务，使用增值税专用发票和增值税普通发票，开具发票时应将起运地、到达地、车种车号以及运输货物信息等内容填写在发票备注栏中，如内容较多，可另附清单。

3. 涉税处理建议

(1) 建议公司采购建筑服务、运输服务获取发票时，应当要求服务提供方严格按照 2016 年第 23 号公告及 2015 年第 99 号公告的要求，在备注栏填写相应的信息，税务人员在取得发票时要严格审核发票内容，审核未通过的发票，审核人员有权拒收并指正相关业务人员联系供应商重新开具合规发票；

(2) 已取得不合规发票已抵扣进项税的，若无法换开，需做进项税转出处理。

(三) 红字增值税专用发票的处理

1. 案例描述

甲公司 2020 年采购物资发生退货、折让以及工程结算发生调减结算金额，涉及进项税额 11 万元，已记入“应交税费——应交增值税——进项税额”；其中已认证抵扣的进项税额 8 万元，尚未用于认证、发票无法退回的进项税额 1 万元，尚未用于认证、发票可退回的进项税额 2 万元。

2. 税收政策规定

《关于红字增值税发票开具有关问题的公告》(国家税务总局公告 2016 年第 47 号)

第一条，增值税一般纳税人开具增值税专用发票（以下简称“专用发票”）后，发生销货退回、开票有误、应税服务中止等情形但不符合发票作废条件，或者因销货部分退回及发生销售折让，需要开具红字专用发票的，按以下方法处理：（一）购买方取得专用发票已用于申报抵扣的，购买方可在增值税发票管理新系统（以下简称“新系统”）中填开并上传《开具红字增值税专用发票信息表》（以下简称《信息表》，详见附件），在填开《信息表》时不填写相对应的蓝字专用发票信息，应暂依《信息表》所列增值税税额从当期进项税额中转出，待取得销售方开具的红字专用发票后，与《信息表》一并作为记账凭证。购买方取得专用发票未用于申报抵扣、但发票联或抵扣联无法退回的，购买方填开《信息表》时应填写相对应的蓝字专用发票信息。销售方开具专用发票尚未交付购买方，以及购买方未用于申报抵扣并将发票联及抵扣联退回的，销售方可在新系统中填开并上传《信息表》。销售方填开《信息表》时应填写相对应的蓝字专用发票信息。

3. 涉税处理建议

对结算金额小于已开发票金额的业务，如存在进项已认证抵扣或发票无法退还的情形，应按规定开具增值税红发票；如尚未认证抵扣且发票可退回时，应退回后重新开具发票。为与增值税纳税申报数据保持一致，对已认证抵扣的进项税额，开具《信息表》后，会计核算应计入“应交税费——应交增值税——进项税额转出”；对未认证抵扣但无法退回的发票，开具《信息表》后，会计核算应冲减“应交税费——应交增值税——进项税额”。本案中：

（1）已认证抵扣的进项税额为 8 万元。甲公司可于发生退货或折让的当期（6 月），在增值税发票管理系统中填开并上传《开具红字增值税专用发票信息表》（简称《信息表》），填开《信息表》时不填写相对应的蓝字专用发票信息。当月进行会计处理时，确认“应交税费——应交增值税——进项税额转出”8 万元，待取得销售方开具的红字专用发票后，与《信息表》一并作为凭证附件。在填报 6 月的增值税申报表时，将进项税额转出 8 万元填入附表二第 20 行次“红字专用发票信息表注明的进项税额”中。

（2）尚未用于认证、发票无法退回的进项税额为 1 万元。甲公司可于发生退货或折让的当期（6 月），在增值税发票管理系统中填开并上传《开具红字增值税专用发票信息表》（简称《信息表》），填开《信息表》时需填写相对应的蓝字专用发票信息。填开《信息表》后，红字冲减“应交税费——应交增值税——进项税额”1 万元，待取得销售方开具的红字专用发票后，与《信息表》一并作为凭证附件，不再对该增值税专用发票进行申报抵扣。

（3）尚未用于认证、发票可退回的进项税额为 2 万元。该单位于发生退货或折让的当期将增值税专用发票退回给销售方即可，无须填开《信息表》。退回发票后，红字冲减“应交税费——应交增值税——进项税额”

2 万元。

企业财税人员需对增值税红字发票填开流程做好把控：首先，根据发票是否能够退回，确认是否需要开具《信息表》；其次，根据发票是否已认证抵扣，确认《信息表》是否对应蓝字专用发票信息；最后，根据发票是否已认证抵扣，确认会计处理。

六、其他

（一）内部凭证是否可以入账

1. 案例描述

甲公司在日常经营过程中时常会招用一些临时工和实习生，在给这些人员支付劳务报酬时，有的能够取得发票，有的采用收款收据。

2. 税收政策规定

（1）《关于发布〈企业所得税税前扣除凭证管理办法〉的公告》（国家税务总局公告 2018 年第 28 号）

第九条，对方为依法无需办理税务登记的单位或者从事小额零星经营业务的个人，其支出以税务机关代开的发票或者收款凭证及内部凭证作为税前扣除凭证，收款凭证应载明收款单位名称、个人姓名及身份证号、支出项目、收款金额等相关信息。小额零星经营业务的判断标准是个人从事应税项目经营业务的销售额不超过增值税相关政策规定的起征点。

（2）《财政部、国家税务总局关于全面推开营业税改征增值税试点的通知》（财税〔2016〕36 号）

第五十条，增值税起征点幅度如下：

（一）按期纳税的，为月销售额 5 000 ~ 20 000 元（含本数）。

（二）按次纳税的，为每次（日）销售额 300 ~ 500 元（含本数）。

起征点的调整由财政部和国家税务总局规定。省、自治区、直辖市财政厅（局）和国家税务局应当在规定的幅度内，根据实际情况确定本地区适用的起征点，并报财政部和国家税务总局备案。

（3）《中华人民共和国增值税暂行条例实施细则》（2011 年修订）

第三十七条，增值税起征点的适用范围限于个人。

增值税起征点的幅度规定如下：

（一）销售货物的，为月销售额5 000～20 000元；

（二）销售应税劳务的，为月销售额5 000～20 000元；

（三）按次纳税的，为每次（日）销售额300～500元。

3. 涉税处理建议

企业在经营过程中，如果招用非全日制用工（属于未办理税务登记的自然人），在劳务报酬支付时：

（1）对于支付金额未超过增值税起征点，便可让劳动者去税务部门代开免税的发票；如果劳动者没有去税务部门代开发票，只要支付金额符合以上政策的起征点规定，付款凭证中载明了收款单位名称、个人姓名及身份证号、支出项目、收款金额等相关信息，依然可以作为有效的凭证。若金额超过起征点后的，则不可凭内部凭证列支，须取得由劳动者到税局代开的发票作为税前扣除凭证。

（2）对于支付金额超过增值税起征点，需要以税务机关代开的发票作为税前扣除凭证。

（二）发电收入未及时申报纳税的处理

1. 案例描述

甲公司销售电力给某县供电企业，结算电量均以每月20日抄表电量为准，由县供电企业出具电量销售单核对后，甲公司于每月22日后开具当月增值税专用发票和收据给县供电企业，27日结算电费。2018年12月，由于甲公司年度财务决算需要，暂估电量开具销售确认单，至2019年1月未开票未收款，也未确认收入，造成少申报收入233万元。

2. 税收政策规定

《电力产品增值税征收管理办法》（2018年修订）

第六条，发、供电企业销售电力产品的纳税义务发生时间的具体规定如下：

（一）发电企业和其他企事业单位销售电力产品的纳税义务发生时间为电力上网并开具确认单据的当天。

（二）供电企业采取直接收取电费结算方式的，销售对象属于企事业单位，为开具发票的当天；属于居民个人，为开具电费缴纳凭证的当天。

（三）供电企业采取预收电费结算方式的，为发行电量的当天。

（四）发、供电企业将电力产品用于非应税项目、集体福利、个人消费，为发出电量的当天。

（五）发、供电企业之间互供电力，为双方核对计数量，开具抄表确认单据的当天。

3. 涉税处理建议

本案例中，甲公司于 2018 年 12 月暂估电量并开具销售确认单，依据税法规定应于开具销售确认单据的当天确认收入，但是甲公司并未在 2018 年度确认收入，存在未及时入账的风险。

（1）企业财务人员应准确把握电力销售纳税义务的发生时间：一是发电企业销售电力产品为电力上网并开具确认单据的当天；二是电力产品用于非应税项目、集体福利、个人消费，为发出电量的当天；三是发、供电企业之间互供电力，为双方核对计数量，开具抄表确认单据的当天；四是发、供电企业销售电力产品以外其他货物，其纳税义务发生时间按《中华人民共和国增值税暂行条例》及其实施细则的有关规定执行。

（2）对于因纳税义务发生时间不明晰造成纳税风险的现象，建议企业开展相关税务专题培训，以杜绝此类现象重复发生。

（三）无偿划转固定资产税务处理

1. 案例描述

甲公司根据上级文件要求于 2020 年 10 月将部分资产划转给集团内兄弟单位，划转当期账面净值 1 000 万元，其中车辆 50 万元（取得时间为 2012 年），其他动产 950 万元（取得时间为 2018 年）。

2. 税收政策规定

（1）《中华人民共和国增值税暂行条例》（2017 年修订）

第四条，单位或者个体工商户的下列行为，视同销售货物：

……

（八）将自产、委托加工或者购进的货物无偿赠送其他单位或者个人。

第七条，纳税人销售货物或者应税劳务的价格明显偏低并无正当理由的，由主管税务机关核定其销售额。

（2）《财政部　国家税务总局关于全国实施增值税转型改革若干问题的通知》（财税〔2008〕第 170 号）

第六条，纳税人发生细则第四条规定固定资产视同销售行为，对已使用过的固定资产无法确定销售额的，以固定资产净值为销售额。

（3）《国家税务总局关于简并增值税征收率有关问题的公告》（国家税务总局公告 2014 年第 36 号）

自 2014 年 7 月 1 日起，增值税一般纳税人销售使用过的固定资产（进项税未抵扣），可按简易办法依 3% 征收率减按 2% 征收增值税，同时不得开具增值税专用发票。

（4）《关于营业税改征增值税试点期间有关增值税问题的公告》（国家税务总局公告 2015 年第 90 号）

自 2016 年 2 月 1 日起，纳税人销售自己使用过的固定资产，适用简易办法依照 3% 征收率减按 2% 征收增值税政策的，可以放弃减税，按照简易办法依照 3% 征收率缴纳增值税，并可以开具增值税专用发票。

3. 涉税处理建议

本案例中，集团内无偿划转固定资产行为应按视同销售计缴增值税。

企业在无偿划转固定资产时应做视同销售处理，同时关注转让时相应资产的价格是否公允，是否聘请第三方评估机构对相关资产出具评估报告，以便准确计缴资产转让涉及的增值税及相关税费。

（四）无偿划转股票的涉税处理

1. 案例描述

甲公司根据上级文件要求于 2019 年 7 月将持有的某上市公司股票无偿划转给集团内兄弟单位，该股票的取得成本包括原始取得 100 万元（100 万股）、二级市场增持 8 000 万元（200 万股），该股票 IPO 发行价为 10 元。

2. 税收政策规定

（1）《营业税改征增值税试点实施办法》（财税〔2016〕36 号文）附件 1

第十四条，单位或者个体工商户向其他单位或者个人无偿提供服务，用于公益事业或者以社会公众为对象的除外，应视同销售计算增值税。

（2）《财政部　税务总局关于明确无偿转让股票等增值税政策的公告》（财政部税务总局公告 2020 年第 40 号）

纳税人无偿转让股票时，转出方以该股票的买入价为卖出价，按照金融商品转让计算缴纳增值税；在转入方将上述股票再转让时，以原转出方的卖出价为买入价，按照金融商品转让计算缴纳增值税。此前已发生未处理的事项，按本公告规定执行。

3. 涉税处理建议

本案例中，该单位无偿划转股票，应按视同金融产品转让计缴税金；金融商品转让，按照卖出价扣除买入价后的余额为销售额，具体计税时可按照财税2020年40号公告的规定，以该股票的买入价确认为卖出价，即卖出价等于买入价，因卖出价与买入价一致，故无须计缴增值税。具体计算过程如表1－1所示。

表1－1 股票无偿划转增值税计算表 单位：万元

项目	序号	金额	说明
增值税卖出价1＝4	1	9 000	以买入价确认为卖出价
无偿划转股数	2	300	证券过户登记确认书记载的过户数量
转让价格（1/2）	3	30	
增值税买入价（5＋6）	4	9 000	包括IPO形成的限售股成本和二级市场取得的非限售成本
非限售股成本	5	8 000	二级市场购入200万股
限售股成本（7×8）	6	1 000	首次公开发行股票并上市形成的限售股成本
限售股数量	7	100	原始取得100万股，限售期内无送、转股
IPO发行价	8	10	IPO上市发行价
增值税销售额（1－4）	9	0	卖出价扣除买入价后的余额确认为销售额
增值税销项税（9÷1.06×6%）	10	0	转让金融商品适用税率6%

股票划转转出方的买入价等于卖出价，不需要缴纳增值税，但这不是免税政策，需要按规定填报增值税纳税申报表或相关表单。划入方未来转让时，买入价是按划出方的原买入价确认，划入方为了再次转让时可以准确确定买入价，应取得划出方该股票买入价的原始资料。

第二章　企业所得税

一、收入项目

（一）无法偿付应付款项的涉税处理

1. 案例描述

甲公司2013年5月购入一批材料，共计70余万元，当期记采购费用70余万元；后因质量问题与供货商产生纠纷，直到2016年底仍未支付该笔货款，该采购费用一直挂在往来账上。2016年度企业所得税汇算清缴审核时，主管税务机关要求该企业将这笔应付未付款项并入当期应税所得额计缴企业所得税。

2. 税收政策规定

《中华人民共和国企业所得税法实施条例》（2019年修订）

第二十二条，企业所得税法第六条第（九）项所称其他收入，是指企业取得的除企业所得税法第六条第（一）项至第（八）项规定的收入外的其他收入，包括企业资产溢余收入、逾期未退包装物押金收入、确实无法偿付的应付款项、已作坏账损失处理后又收回的应收款项、债务重组收入、补贴收入、违约金收入、汇兑收益等。

3. 涉税处理建议

《中华人民共和国企业所得税法实施条例》（2019年修订）第二十二条虽然明确规定，“对企业确实无法偿付的应付款项应计入收入缴纳企业所得税”，但应付款项在什么情况下才属于“确实无法偿付的应付款项”，却并未明确，也没有三年以上计入收入的时间规定。如果已经有证据表明该笔货款属于“确实无法偿付的应付款项”，例如债权人破产、倒闭或死亡且债务人无需支付债务，或者债权人书面承诺放弃债权，或者经法院判决债务人应付款项可不再支付，则应计入收入计算缴纳企业所得税；否则，即便长时间挂账也不能确定属于“确实无法偿付的应付款项”而计入收入征税。

（二）一次性取得跨年度租金收入的涉税处理

1. 案例描述

2019年12月1日，甲公司与乙公司签订办公楼出租协议，协议约定，租赁期一年，即2019年12月1日至2020年11月30日，总计租金120万元（不含税），乙公司应在协议签订当日一次性提前支付全年租金。合同签订当日，乙公司如约支付了全额租金。那么，甲公司对一次性收取的跨年租金该如何确认企业所得税收入？

2. 税收政策规定

《关于贯彻落实企业所得税法若干税收问题的通知》（国税函〔2010〕79号）

根据《中华人民共和国企业所得税法实施条例》（2019年修订）第十九条的规定，企业提供固定资产、包装物或者其他有形资产的使用权取得的租金收入，应按交易合同或协议规定的承租人应付租金的日期确认收入的实现。其中，如果交易合同或协议中规定租赁期限跨年度，且租金提前一次性支付的，根据《实施条例》第九条规定的收入与费用配比原则，出租人可对上述已确认的收入，在租赁期内，分期均匀计入相关年度收入。

3. 涉税处理建议

对于一次性收取跨年租金的情况，甲公司既可以选择按交易合同或协议规定的承租人应付租金的日期确认收入的实现，也可以选择对上述已确认的收入，在租赁期内分期计入相关年度收入。

（三）不征税收入用于支出形成费用的涉税处理

1. 案例描述

甲公司2019年12月5日收到当地政府拨付的180万元财政拨款，要求该拨款用于购买科研设备。2019年12月31日，甲公司购入不需要安装的科研设备，实际成本245.7万元（含税）；该设备使用寿命为10年，采用直线法计提折旧，不考虑残值。

2. 税收政策规定

《财政部、国家税务总局关于专项用途财政性资金企业所得税处理问题的通知》（财税〔2011〕70 号）

第一条，企业从县级以上各级人民政府财政部门及其他部门取得的应计入收入总额的财政性资金，凡同时符合以下条件的，可以作为不征税收入，在计算应纳税所得额时从收入总额中减除：

（一）企业能够提供规定资金专项用途的资金拨付文件；

（二）财政部门或其他拨付资金的政府部门对该资金有专门的资金管理办法或具体管理要求；

（三）企业对该资金以及以该资金发生的支出单独进行核算。

第二条，上述不征税收入用于支出所形成的费用，不得在计算应纳税所得额时扣除；用于支出所形成的资产，其计算的折旧、摊销不得在计算应纳税所得额时扣除。

3. 涉税处理建议

甲公司一次性取得财政拨款收入 180 万元，如果该笔收入符合不征税收入的确认条件，则当年会计确认营业外收入的 180 万元应做纳税调整减少处理；财政拨款形成的固定资产所对应的折旧不得在税前扣除，但超过财政拨款相对应的固定资产部分计提的折旧可以在税前扣除。

（四）通过高新技术企业认定取得奖励的涉税处理

1. 案例描述

甲公司通过高新技术企业认定后，取得政府补助 10 万元。

2. 税收政策规定

《财政部、国家税务总局关于专项用途财政性资金企业所得税处理问题的通知》（财税〔2011〕70 号）

企业从县级以上各级人民政府财政部门及其他部门取得的应计入收入总额的财政性资金，同时符合三个条件方可作为不征税收入，在计算应纳税所得额时从收入总额中减除：

（一）企业能够提供规定资金专项用途的资金拨付文件；

（二）财政部门或其他拨付资金的政府部门对该资金有专门的资金管

理办法或具体管理要求；

（三）企业对该资金以及以该资金发生的支出单独进行核算。

3. 涉税处理建议

按照上述规定，无论企业取得何种形式的政府激励，均应先判断收入的性质，按照规定处理涉税事项，并非所有的财政拨付资金均能作为不征税收入。

（五）无偿使用关联方资产的涉税处理

1. 案例描述

甲公司有下属几家全资子公司，其中有一子公司为母公司无偿提供房屋用于办公。

2. 税收政策规定

（1）《中华人民共和国企业所得税法》（2018 年修订）

第四十一条，企业与其关联方之间的业务往来，不符合独立交易原则而减少企业或者其关联方应纳税收入或者所得额的，税务机关有权按照合理方法调整。

（2）《中华人民共和国企业所得税法实施条例》（2019 年修订）

第一百一十条，企业所得税法第四十一条所称独立交易原则，是指没有关联关系的交易各方，按照公平成交价格和营业常规进行业务往来遵循的原则。

第一百二十三条，企业与其关联方之间的业务往来，不符合独立交易原则，或者企业实施其他不具有合理商业目的安排的，税务机关有权在该业务发生的纳税年度起 10 年内，进行纳税调整。

（3）《关于印发〈特别纳税调整实施办法（试行）〉的通知》（国税发〔2009〕2 号）

第三十条，实际税负相同的境内关联方之间的交易，只要该交易没有直接或间接导致国家总体税收收入的减少，原则上不做转让定价调查、调整。

（4）《关于发布〈特别纳税调查调整及相互协商程序管理办法〉的公告》（国家税务总局公告 2017 年第 6 号）

第三十八条，实际税负相同的境内关联方之间的交易，只要该交易没有直接或者间接导致国家总体税收收入的减少，原则上不作特别纳税调整。

3. 涉税处理建议

对于母公司与子公司分属于不同的法人主体，而且属于关联方，应按独立交易原则收取房租，无租使用将面临被税务机关对相关交易进行纳税调整的风险。

（六）从被投资企业撤回或减少投资的涉税处理

1. 案例描述

甲公司投资乙公司，投资成本为1 000万元，占乙公司30%的股份。截至撤资时，乙公司累计留存收益为3 000万元，其中甲公司按照注册资本份额享有900万元。甲公司撤资时分得一栋物业，账面价值为2 000万元，评估市价为2 500万元。

2. 税收政策规定

《关于企业所得税若干问题的公告》（国家税务总局2011年第34号公告）

投资企业从被投资企业撤回或减少投资，其取得的资产中，相当于初始出资的部分，应确认为投资收回；相当于被投资企业累计未分配利润和累计盈余公积按减少实收资本比例计算的部分，应确认为股息所得；其余部分确认为投资资产转让所得。

3. 涉税处理建议

首先要对分得物业部分做视同销售处理，确认利润500万元，然后再按照34号公告处理，计算如下：

第一步，确认销售所得500万元，同时增加利润500万元。A公司享有1 050万元（=3 500万×30%）。

第二步，确认撤资所得450万元（=2 500－1 000－1 050）。

（七）上年度专用发票冲红调整本年收入的涉税处理

1. 案例描述

甲公司2015年发生销售后，2016年发生折扣折让并开具红字发票，汇算清缴时是否需要调整2015年度收入。

2. 税收政策规定

《关于确认企业所得税收入若干问题的通知》（国税函〔2008〕875 号）

第一条，企业因售出商品的质量不合格等原因而在售价上给的减让属于销售折让；企业因售出商品质量、品种不符合要求等原因而发生的退货属于销售退回。企业已经确认销售收入的售出商品发生销售折让和销售退回，应当在发生当期冲减当期销售商品收入。

3. 涉税处理建议

企业已经确认销售收入的售出商品发生销售折让，应当在发生当期冲减当期销售商品收入，而不是调整销售期的收入。

（八）公司间无偿划转资产的涉税处理

1. 案例描述

甲公司作为母公司，向子公司乙无偿转让商铺，进行所得税处理未进行纳税调整也未申报特殊性税务处理。

2. 税收政策规定

《财政部、国家税务总局关于促进企业重组有关企业所得税处理问题的通知》（财税〔2014〕109 号）

对 100% 直接控制的居民企业之间，以及受同一或相同多家居民企业 100% 直接控制的居民企业之间按账面净值划转股权或资产，凡具有合理商业目的、不以减少、免除或者推迟缴纳税款为主要目的，股权或资产划转后连续 12 个月内不改变被划转股权或资产原来实质性经营活动，且划出方企业和划入方企业均未在会计上确认损益的，可以选择按以下规定进行特殊性税务处理：

第一，划出方企业和划入方企业均不确认所得。

第二，划入方企业取得被划转股权或资产的计税基础，以被划转股权或资产的原账面净值确定。

第三，划入方企业取得的被划转资产，应按其原账面净值计算折旧扣除。

3. 涉税处理建议

（1）一般性税务处理。

无论是分配利润还是收回投资，划拨的资产都应视同销售或视同转让财产处理，按照规定进行纳税调整。提问中涉及的资产为商铺，如果为存货的话，就应按照视同销售处理；如果是固定资产或投资性房地产，就应按照视同转让财产处理。

（2）特殊性税务处理。

母公司将土地资产。按账面净值划转到子公司名下，符合《财政部、国家税务总局关于促进企业重组有关企业所得税处理问题的通知》（财税〔2014〕109号）条件，则母公司不缴纳企业所得税。

（九）间接投资其他居民企业取得的股息、红利的涉税处理

1. 案例描述

甲公司经营范围除自有电网业务外，还包括依照有关法律从事资金运用业务。甲公司享受的税收优惠中有一部分是通过委外投资的模式进行资产投资管理业务，再通过资产管理人间接投资居民企业，取得连续持有居民企业公开发行并上市流通的股票超过12个月的股息红利约9 000万元，并且做了优惠免税处理。

2. 税收政策规定

《中华人民共和国企业所得税法实施条例》（2019年修订）

第八十三条，企业所得税法第二十六条第（二）项所称符合条件的居民企业之间的股息、红利等权益性投资收益，是指居民企业直接投资于其他居民企业取得的投资收益。

企业所得税法第二十六条第（二）项和第（三）项所称股息、红利等权益性投资收益，不包括连续持有居民企业公开发行并上市流通的股票不足12个月取得的投资收益。

3. 涉税处理建议

甲公司通过投资资产管理产品取得股息、红利等权益性投资收益是间接投资，不符合直接投资的规定。甲公司应将近几年错误享受税收优惠的9 000多万元做企业所得税的纳税调增，补缴相应的税款。

（十）取得捐赠收入的涉税处理

1. 案例描述

甲公司2021年无偿接受乙上市公司捐赠的一批生产设备及材料80万

元，企业会计分期确认收入，缴纳企业所得税。

2. 税收政策规定

《关于企业取得财产转让等所得企业所得税处理问题的公告》（国家税务总局公告2010年第19号）

企业取得财产（包括各类资产、股权、债权等）转让收入、债务重组收入、接受捐赠收入、无法偿付的应付款收入等，不论是以货币形式、还是非货币形式体现，除另有规定外，均应一次性计入确认收入的年度计算缴纳企业所得税。

3. 涉税处理建议

根据税法规定，企业取得的接受捐赠收入需一次性计入营业外收入，而不可以分期确认收入并缴纳企业所得税；因此，企业在接受捐赠时，应全额一次性计入收入，降低纳税风险。

（十一）企业将自有资产捐赠给其他企业的涉税处理

1. 案例描述

甲公司决定将一处房产和一些生产设备无偿捐赠给乙公司，该房产账面原值为80万元，已提折旧30万元，公允价值为100万元。生产设备账面原值50万元，已计提折旧10万元，甲公司按视同销售处理。甲公司和乙公司均为盈利企业，企业所得税税率为25%。

2. 税收政策规定

（1）《关于企业处置资产所得税处理问题的通知》（国税函〔2008〕828号）

企业发生下列情形的处置资产，除将资产转移至境外以外，由于资产所有权属在形式和实质上均不发生改变，可作为内部处置资产，不视同销售确认收入，相关资产的计税基础延续计算。

（一）将资产用于生产、制造、加工另一产品；

（二）改变资产形状、结构或性能；

（三）改变资产用途（如，自建商品房转为自用或经营）；

（四）将资产在总机构及其分支机构之间转移；

（五）上述两种或两种以上情形的混合；

（六）其他不改变资产所有权属的用途。

企业将资产移送他人的下列情形，因资产所有权属已发生改变而不属于内部处置资产，应按规定视同销售确定收入。

（一）用于市场推广或销售；

（二）用于交际应酬；

（三）用于职工奖励或福利；

（四）用于股息分配；

（五）用于对外捐赠；

（六）其他改变资产所有权属的用途。

（2）《关于企业所得税有关问题的公告》（国家税务总局公告 2016 年第 80 号）

企业移送资产所得税处理问题。

企业发生《国家税务总局关于企业处置资产所得税处理问题的通知》（国税函〔2008〕828 号）第二条规定情形的，除另有规定外，应按照被移送资产的公允价值确定销售收入。

3. 涉税处理建议

根据相关税务政策，企业通过公益性社会团体或者县级以上人民政府及其部门用于公益事业的捐赠支出，在年度利润总额 12% 以内的部分，准予在计算应纳税所得额时扣除。

公益性捐赠，是指企业通过公益性社会团体或者县级以上人民政府及其部门，用于《中华人民共和国公益事业捐赠法》规定的公益事业的捐赠。除符合税收法律法规规定的公益救济性捐赠外，一律不得在税前扣除。企业接受捐赠的非货币性资产，须按接受捐赠时资产的入账价值确认捐赠收入，并入当期应纳税所得，依法计算缴纳企业所得税。企业取得的捐赠收入金额较大，并入一个纳税年度缴税确有困难的，经主管税务机关审核确认，可以在不超过 5 年的期间内均匀计入各年度的应纳税所得。企业接受捐赠的存货、固定资产、无形资产和投资等，在经营中使用或将来销售处置时，可按税法规定结转存货销售成本、投资转让成本或扣除固定资产折旧、无形资产摊销额。本案中，甲公司对乙公司的捐赠不属于公益性捐赠，捐赠支出不可税前扣除，且应按视同销售确认视同销售收入与视同销售成本确认视同销售所得；乙公司应按接受捐赠的资产的公允价值确认收入，计算及缴纳企业所得税。

二、费用项目

（一）跨期费用纳税调整的涉税处理

1. 案例描述

甲公司在2020年末暂估了一笔70多万元的费用，在2021年8月取得该笔业务的发票，在2020年企业所得税汇算清缴时这笔费用没有税前扣除。

2. 税收政策规定

（1）《中华人民共和国企业所得税法实施条例》（2019年修订）

第九条，企业应纳税所得额的计算，以权责发生制为原则，属于当期的收入和费用，不论款项是否收付，均作为当期的收入和费用；不属于当期的收入和费用，即使款项已经在当期收付，均不作为当期的收入和费用。本条例和国务院财政、税务主管部门另有规定的除外。

（2）《关于企业所得税若干问题的公告》（国家税务总局公告2011年第34号）

第六条，企业当年度实际发生的相关成本、费用，由于各种原因未能及时取得该成本、费用的有效凭证，企业在预缴季度所得税时，可暂按账面发生金额进行核算；但在汇算清缴时，应补充提供该成本、费用的有效凭证。

（3）《关于企业所得税应纳税所得额若干税务处理问题的公告》（国家税务总局公告2012年第15号）

对企业发现以前年度实际发生的、按照税收规定应在企业所得税前扣除而未扣除或者少扣除的支出，企业做出专项申报及说明后，准予追补至该项目发生年度计算扣除，但追补确认期限不得超过5年。

3. 涉税处理建议

根据上述规定，收到跨期发票涉及的跨期费用，纳税人应根据权责发生制确认是否形成2020年度的成本或费用。企业由于上述原因多缴的企业所得税税款，可以在追补确认年度企业所得税应纳税款中抵扣，不足抵扣的，可以向以后年度递延抵扣或申请退税。亏损企业追补确认以前年度未在税前扣除的支出，或盈利企业经过追补确认后出现亏损的，首先调整该项支出所属年度的亏损额，然后再按照弥补亏损的原则计算以后年度多缴的企业所得税款；汇算清缴前取得发票的，不再进行纳税调整，汇算清缴期后取得的，应作为“以前年度实际发生的、按照税收规定应在企业所得税前扣除而未扣除或者少扣除的支出”进行专项申报追补扣除。

（二）退休保障金的涉税处理

1. 案例描述

甲公司员工退休后，每月可以从社保机构领取退休工资，除此之外，甲公司还向退休员工发放过节费、书报费等补贴，甲公司将这些统筹外费用的支出列入福利费支出并在企业所得税汇算时进行纳税调整。

2. 税收政策规定

（1）《中华人民共和国企业所得税法》（2018 年修订）

第十条，与取得收入无关的其他支出在计算应纳税所得额时，不得扣除。

（2）《中华人民共和国企业所得税法实施条例》（2019 年修订）

第三十五条，企业依照国务院有关主管部门或者省级人民政府规定的范围和标准为职工缴纳的基本养老保险费、基本医疗保险费、失业保险费、工伤保险费、生育保险费等基本社会保险费和住房公积金，准予扣除。企业为投资者或者职工支付的补充养老保险费、补充医疗保险费，在国务院财政、税务主管部门规定的范围和标准内，准予扣除。

（3）《关于补充养老保险费补充医疗保险费有关企业所得税政策问题的通知》（财税〔2009〕27 号）

自 2008 年 1 月 1 日起，企业根据国家有关政策规定，为在本企业任职或者受雇的全体员工支付的补充养老保险费、补充医疗保险费，分别在不超过职工工资总额 5% 标准内的部分，在计算应纳税所得额时准予扣除；超过的部分，不予扣除。

3. 涉税处理建议

对退休员工来说，由于已经不在职、不在岗，企业当期取得的收入并不包含其劳动贡献，因此，退休员工统筹外的现金补贴及实物福利支出与当期取得的收入无关，所以不允许企业在计算所得税时在税前扣除。

（三）发票遗失的涉税处理

1. 案例描述

王先生是甲公司业务员，经常出差，在一次出差回来途中不慎将本次出差开具的差旅费发票遗失，回到公司后才发现，分析后续如何处理。

2. 税收政策规定

（1）《关于公布取消一批税务证明事项以及废止和修改部分规章规范性文件的决定》（国家税务总局令第 48 号）

删去《中华人民共和国发票管理办法实施细则》（国家税务总局令第 25 号公布，国家税务总局令第 37 号、第 44 号修改）第三十一条中的“并登报声明作废”。

（2）《关于增值税发票综合服务平台等事项的公告》（国家税务总局公告 2020 年第 1 号）

第四条，纳税人同时丢失已开具增值税专用发票或机动车销售统一发票的发票联和抵扣联，可凭加盖销售方发票专用章的相应发票记账联复印件，作为增值税进项税额的抵扣凭证、退税凭证或记账凭证。纳税人丢失已开具增值税专用发票或机动车销售统一发票的抵扣联，可凭相应发票的发票联复印件，作为增值税进项税额的抵扣凭证或退税凭证；纳税人丢失已开具增值税专用发票或机动车销售统一发票的发票联，可凭相应发票的抵扣联复印件，作为记账凭证。

3. 涉税处理建议

国家税务总局令第 48 号规定，自 2019 年 7 月 24 日起，发票丢失登报作废声明不再提交，取消登报声明。

国家税务总局公告 2020 年第 1 号规定，税务已经实现增值税专用发票及机动车销售统一发票报税信息的共享共用。纳税人丢失发票的发票联、抵扣联后，无须前往税务机关申请开具《丢失值税专用发票已报税证明单》，可凭相应发票的其他基本联次复印件，作为增值税进项税额的抵扣凭证、退税凭证或记账凭证。

需要注意的是，如果丢失了空白发票，则应当于发现丢失当日书面报告税务机关，填报《发票挂失毁损报告表》，持税控盘到主管税务机关或自行办理电子发票退回或作废手续。

（四）为职工缴纳保险费的涉税处理

1. 案例描述

甲公司每年为企业及职工缴纳各类相关保险费，分析该类相关费用能否在税前扣除。

2. 税收政策规定

（1）《中华人民共和国企业所得税法实施条例》（2019 年修订）

第三十五条，企业依照国务院有关主管部门或者省级人民政府规定的范围和标准为职工缴纳的基本养老保险费、基本医疗保险费、失业保险费、工伤保险费、生育保险费等基本社会保险费和住房公积金，准予扣除。企业为投资者或者职工支付的补充养老保险费、补充医疗保险费，在国务院财政、税务主管部门规定的范围和标准内，准予扣除。

第三十六条，除企业依照国家有关规定为特殊工种职工支付的人身安全保险费和国务院财政、税务主管部门规定可以扣除的其他商业保险费外，企业为投资者或者职工支付的商业保险费，不得扣除。

第四十六条，企业参加财产保险，按照规定缴纳的保险费，准予扣除。

（2）《关于企业所得税有关问题的公告》（国家税务总局公告 2016 年第 80 号）

第一条，企业职工因公出差乘坐交通工具发生的人身意外保险费支出，准予企业在计算应纳税所得额时扣除。

（3）《关于补充养老保险费、补充医疗保险费有关企业所得税政策问题的通知》（财税〔2009〕27 号）

自 2008 年 1 月 1 日起，企业根据国家有关政策规定，为在本企业任职或者受雇的全体员工支付的补充养老保险费、补充医疗保险费，分别在不超过职工工资总额 5% 标准内的部分，在计算应纳税所得额时准予扣除；超过的部分，不予扣除。

（4）《关于责任保险费企业所得税税前扣除有关问题的公告》（国家税务总局公告 2018 年第 52 号）

企业参加雇主责任险、公众责任险等责任保险，按照规定缴纳的保险费，准予在企业所得税税前扣除。

3. 涉税处理建议

甲公司应根据相关规定对为职工缴纳基本养老保险费、基本医疗保险费、失业保险费、工伤保险费、生育保险费等基本社会保险费，财产保险的保险费及其他可以扣除的商业保险准予扣除，其他保险不可扣除。

经梳理，目前可以扣除商业保险包括：①依照国家有关规定为特殊工种职工支付的人身安全保险费；②企业职工因公出差乘坐交通工具发生的人身意外保险费支出；③为在本企业任职或者受雇的全体员工支付的补充养老保险费、补充医疗保险费，且均不超过职工工资总额5%标准内的部分；④雇主责任险、公众责任险等责任保险。

（五）接受用户资产计提折旧的涉税处理

1. 案例描述

甲公司为电网企业，2019年接受用户资产20万元，按月计提折旧，分析这些计提的折旧能否在计算企业所得税时进行税前扣除。

2. 税收政策规定

（1）《中华人民共和国企业所得税法实施条例》（2019年修订）

第五十八条，固定资产按照以下方法确定计税基础：通过捐赠、投资、非货币性资产交换、债务重组等方式取得的固定资产，以该资产的公允价值和支付的相关税费为计税基础。

第五十九条，固定资产按照直线法计算的折旧，准予扣除。

（2）《财政部、国家税务总局关于电网企业接受用户资产有关企业所得税政策问题的通知》（财税〔2011〕35号）

第一条，对国家电网公司和中国南方电网有限责任公司及所属全资、控股企业接收用户资产应缴纳的企业所得税不征收入库，直接转增国家资本金。

第二条，有关电网企业对接收的用户资产，可按接收价值计提折旧，并在企业所得税税前扣除。

第三条，本通知所称用户资产，是指由用户出资建设的、专门用于电力接入服务的专用网架及其附属设备、设施等供电配套资产，包括：由用户出资建设的城市电缆下地等工程形成的资产；由用户出资建设的小区配电设施形成的资产；用户为满足自身用电需要，出资建设的专用输变电、配电及计量资产等。所称用户，包括政府、机关、军队、企业事业单位、社会团体、居民等电力用户。

3. 涉税处理建议

财税〔2011〕35 号第二条规定，电网企业对接收的用户资产，可按接收价值计提折旧，并在企业所得税税前扣除。

（六）企业筹建期间所发生费用的涉税处理

1. 案例描述

甲公司于 2019 年底完成筹办并开业，筹办期间产生业务招待费支出 10 万元，广告费和业务宣传费支出 15 万元，其他支出 5 万元。那么，该公司在筹办期间产生的业务招待费、广告费和业务宣传费在税前扣除的操作。

2. 税收政策规定

《关于企业所得税应纳税所得额若干税务处理问题的公告》（国家税务总局公告 2012 年第 15 号）

企业在筹建期间，发生的与筹办活动有关的业务招待费支出，可按实际发生额的 60% 计入企业筹办费，并按有关规定在税前扣除；发生的广告费和业务宣传费，可按实际发生额计入企业筹办费，并按有关规定在税前扣除。

3. 涉税处理建议

甲公司应根据相关规定，对于在筹办期间产生的 60% 业务招待费以及实际发生的广告费和业务宣传费安全有关规定在税前扣除。

（七）企业为长期驻外职工支出租房费用的涉税处理

1. 案例描述

甲公司在 A 市开展一长期项目并派本公司员工长期驻外，公司为其租房，按照福利费支出在所得税前列支。

2. 税收政策规定

《关于企业工资薪金及职工福利费扣除问题的通知》（国税函〔2009〕3 号）

为职工卫生保健、生活、住房、交通等所发放的各项补贴和非货币性福利，包括企业向职工发放的因公外地就医费用、未实行医疗统筹企业职工医疗费用、职工供养直系亲属医疗补贴、供暖费补贴、职工防暑降温费、职工困难补贴、救济费、职工食堂经费补贴、职工交通补贴等，按照其他规定发生的其他职工福利费，包括丧葬补助费、抚恤费、安家费、探亲假路费等均属于职工福利费内容。

3. 涉税处理建议

对于长期驻外员工的租房费用，属于福利性质的支出，在不超过工资薪金总额14%的部分可以税前扣除企业所得税。

公司租房免费提供给员工居住个人所得税方面，租房费用属于员工取得的其他形式的经济利益，若能够分摊到个人，公司需将租房费用并入员工工资总额，代扣代缴员工的个人所得税。公司租房给员工，并不一定固定由一个人住的，需按员工居住天数计算，确认员工租房费用，并入员工工资总额，代扣代缴员工个人所得税；如果确实无法划分到员工个人名下的，原则上可不并入员工工资计缴个人所得税。

（八）关联企业往来资金利息未取得发票的涉税处理

1. 案例描述

甲公司与乙公司于2019年1月共同投资2 000万元设立了丙公司；其中甲公司投资800万元，占40%股份，乙公司投资1 200万元，占60%股份。由于丙公司经营发展的需要，加之公司成立初期无法从银行取得贷款，因此，甲公司2019年1月拨款1 000万元给丙公司使用，截至2019年12月31日，丙公司按市场公允利率向甲公司支付资金占用利息，但未取得发票，分析该笔资金利息能否税前扣除。

2. 税收政策规定

《关于发布〈企业所得税税前扣除凭证管理办法〉的公告》（国家税务总局公告2018年第28号）

第四条，税前扣除凭证在管理中遵循真实性、合法性、关联性原则。真实性是指税前扣除凭证反映的经济业务真实，且支出已经实际发生；合法性是指税前扣除凭证的形式、来源符合国家法律、法规等相关规定；关联性是指税前扣除凭证与其反映的支出相关联且有证明力。

第九条，企业在境内发生的支出项目属于增值税应税项目（以下简称“应税项目”）的，对方为已办理税务登记的增值税纳税人，其支出以发票（包括按照规定由税务机关代开的发票）作为税前扣除凭证；对方为依法无需办理税务登记的单位或者从事小额零星经营业务的个人，其支出以税务机关代开的发票或者收款凭证及内部凭证作为税前扣除凭证，收款凭证应载明收款单位名称、个人姓名及身份证号、支出项目、收款金额等相关信息。

3. 涉税处理建议

根据上述规定，丙公司支付给甲公司的利息，应当取得发票并实际支付才能税前扣除。对于丙公司付给甲公司的利息，甲公司应在取得发票之后才可以做税前抵扣，无发票不可税前抵扣。

（九）员工体检费的涉税处理

1. 案例描述

甲公司2020年组织全体员工统一体检共计花费60 000元，那么，该笔费用在福利费中列支。

2. 税收政策规定

《关于企业工资薪金及职工福利费扣除问题的通知》（国税函〔2009〕3号）

为职工卫生保健、生活、住房、交通等所发放的各项补贴和非货币性福利，包括企业向职工发放的因公外地就医费用、未实行医疗统筹企业职工医疗费用、职工供养直系亲属医疗补贴、供暖费补贴、职工防暑降温费、职工困难补贴、救济费、职工食堂经费补贴、职工交通补贴等。

3. 涉税处理建议

甲公司应根据《关于企业工资薪金及职工福利费扣除问题的通知》的要求，对统一给员工体检发生的费用计入福利费，并对不超过工资薪金总额14%的部分进行企业所得税税前扣除。

（十）计提未支付的社保费用的涉税处理

1. 案例描述

甲公司于2020年计提社保费用，但当年未全额支付。

2. 税收政策规定

（1）《中华人民共和国企业所得税法实施条例》（2019年修订）

第三十五条，企业依照国务院有关主管部门或者省级人民政府规定的范围和标准为职工缴纳的基本养老保险费、基本医疗保险费、失业保险费、工伤保险费、生育保险费等基本社会保险费和住房公积金，准予扣除。企业为投资者或者职工支付的补充养老保险费、补充医疗保险费，在国务院财政、税务主管部门规定的范围和标准内，准予扣除。

（2）《关于企业工资薪金和职工福利费等支出税前扣除问题的公告》（国家税务总局公告2015年第34号）

企业在年度汇算清缴结束前向员工实际支付的已预提汇缴年度工资薪金，准予在汇缴年度按规定扣除。

3. 涉税处理建议

企业负担的员工社保费用是否可在税前扣除取决于是否实际缴纳。对于甲公司计提的2020年当年未支付社保费用，在汇算清缴前需要对已计提未支付的费用做纳税调增处理；同时，对在企业所得税汇算清缴结束日后支付的归属于上一年度的费用作纳税调减处理，即不以权责发生制为原则，以实际支付为原则在税前扣除费用。

实务中，参考国家税务总局2015年34号公告关于工资薪金的规定，企业在年度汇算清缴结束前实际缴纳的已计提汇缴年度的社会保险金，准予在汇缴年度按规定扣除。

（十一）企业发放给员工个人补贴的涉税处理

1. 案例描述

甲公司发放给员工个人的补贴作为工资薪金支出进行企业所得税前扣除。

2. 税收政策规定

（1）《中华人民共和国企业所得税法实施条例》（2019年修订）

第三十四条，企业发生的合理的工资薪金支出，准予扣除。前款所称工资薪金，是指企业每一纳税年度支付给在本企业任职或者受雇的员工的所有现金形式或者非现金形式的劳动报酬，包括基本工资、奖金、津贴、补贴、年终加薪、加班工资，以及与员工任职或者受雇有关的其他支出。

（2）《关于企业工资薪金及职工福利费扣除问题的通知》（国税函〔2009〕3号）

《实施条例》第三十四条所称的“合理工资薪金”，是指企业按照股东大会、董事会、薪酬委员会或相关管理机构制订的工资薪金制度规定实际发放给员工的工资薪金。税务机关在对工资薪金进行合理性确认时，可按以下原则掌握：（一）企业制订了较为规范的员工工资薪金制度；（二）企业所制订的工资薪金制度符合行业及地区水平；（三）企业在一定时期所发放的工资薪金是相对固定的，工资薪金的调整是有序进行的；（四）企业对实际发放的工资薪金，已依法履行了代扣代缴个人所得税义务；（五）有关工资薪金的安排，不以减少或逃避税款为目。

《实施条例》第四十、四十一、四十二条所称的“工资薪金总额”，是指企业按照本通知第一条规定实际发放的工资薪金总和，不包括企业的职工福利费、职工教育经费、工会经费以及养老保险费、医疗保险费、失业保险费、工伤保险费、生育保险费等社会保险费和住房公积金。属于国有性质的企业，其工资薪金不得超过政府有关部门给予的限定数额；超过部分，不得计入企业工资薪金总额，也不得在计算企业应纳税所得额时扣除。

《实施条例》第四十条规定的企业职工福利费，包括以下内容：（一）尚未实行分离办社会职能的企业，其内设福利部门所发生的设备、设施和人员费用，包括职工食堂、职工浴室、理发室、医务所、托儿所、疗养院等集体福利部门的设备、设施及维修保养费用和福利部门工作人员的工资薪金、社会保险费、住房公积金、劳务费等。（二）为职工卫生保健、生活、住房、交通等所发放的各项补贴和非货币性福利，包括企业向职工发放的因公外地就医费用、未实行医疗统筹企业职工医疗费用、职工供养直系亲属医疗补贴、供暖费补贴、职工防暑降温费、职工困难补贴、救济费、职工食堂经费补贴、职工交通补贴等。（三）按照其他规定发生的其他职工福利费，包括丧葬补助费、抚恤费、安家费、探亲假路费。

（3）《关于企业工资薪金和职工福利费等支出税前扣除问题的公告》（国家税务总局公告 2015 年第 34 号）

企业福利性补贴支出税前扣除问题

列入企业员工工资薪金制度、固定与工资薪金一起发放的福利性补贴，符合《国家税务总局关于企业工资薪金及职工福利费扣除问题的通知》（国税函〔2009〕3 号）第一条规定的，可作为企业发生的工资薪金支出，按规定在税前扣除。

不能同时符合上述条件的福利性补贴，应作为国税函〔2009〕3 号文件第三条规定的职工福利费，按规定计算限额税前扣除。

3. 涉税处理建议

根据上述三个政策文件规定，企业发放给员工个人的补贴若满足国税函〔2009〕3号第一条规定，可作为工资薪金在税前扣除；若不满足应确认为福利性质的补贴，按福利费在企业所得税税前限额扣除。

（十二）企业承担的员工宿舍水电费的涉税处理

1. 案例描述

甲公司将承担的员工宿舍水电费计入福利费，并在企业所得税税前扣除。

2. 税收政策规定

《关于企业工资、薪金及职工福利费扣除问题的通知》（国税函〔2009〕3号）

关于职工福利费扣除问题。

《实施条例》第四十条规定的企业职工福利费，包括以下内容：

（一）尚未实行分离办社会职能的企业，其内设福利部门所发生的设备、设施和人员费用，包括职工食堂、职工浴室、理发室、医务所、托儿所、疗养院等集体福利部门的设备、设施及维修保养费用和福利部门工作人员的工资薪金、社会保险费、住房公积金、劳务费等。

（二）为职工卫生保健、生活、住房、交通等所发放的各项补贴和非货币性福利，包括企业向职工发放的因公外地就医费用、未实行医疗统筹企业职工医疗费用、职工供养直系亲属医疗补贴、供暖费补贴、职工防暑降温费、职工困难补贴、救济费、职工食堂经费补贴、职工交通补贴等。

（三）按照其他规定发生的其他职工福利费，包括丧葬补助费、抚恤费、安家费、探亲假路费等。

3. 涉税处理建议

甲公司承担的员工宿舍水电费属于国税函〔2009〕3号规定的福利费，可在企业所得税税前限额扣除。

（十三）企业发生工伤支出的涉税处理

1. 案例描述

甲公司将承担的工份支出计入福利费，并在企业所得税税前扣除。

2. 税收政策规定

（1）《关于企业工资、薪金及职工福利费扣除问题的通知》（国税函〔2009〕3号）

关于职工福利费扣除问题

《实施条例》第四十条规定的企业职工福利费，包括以下内容：

（一）尚未实行分离办社会职能的企业，其内设福利部门所发生的设备、设施和人员费用，包括职工食堂、职工浴室、理发室、医务所、托儿所、疗养院等集体福利部门的设备、设施及维修保养费用和福利部门工作人员的工资薪金、社会保险费、住房公积金、劳务费等。

（二）为职工卫生保健、生活、住房、交通等所发放的各项补贴和非货币性福利，包括企业向职工发放的因公外地就医费用、未实行医疗统筹企业职工医疗费用、职工供养直系亲属医疗补贴、供暖费补贴、职工防暑降温费、职工困难补贴、救济费、职工食堂经费补贴、职工交通补贴等。

（三）按照其他规定发生的其他职工福利费，包括丧葬补助费、抚恤费、安家费、探亲假路费等。

（2）企业职工发生工伤，支付的赔偿款能否税前扣除？①

企业实际发生的与取得收入有关的、合理的支出，包括成本、费用、税金、损失和其他支出，准予在计算应纳税所得额时扣除。

有关的支出，是指与取得收入直接相关的支出。

合理的支出，是指符合生产经营活动常规，应当计入当期损益或者有关资产成本的必要和正常的支出。

3. 涉税处理建议

根据国税函〔2009〕3号及总局12366问题回复口径，扣除工伤保险赔偿后，企业职工因公伤亡而发生的医疗类费用支出在医疗统筹以外支付的部分，以及丧葬补助费、抚恤费应在职工福利费中列支；企业职工因公伤亡而发生的补偿金可以直接在税前扣除。职工发生与企业无关的伤亡事故，企业给予的各类慰问补助费用应在职

---

① 国家税务总局12366咨询服务平台：https：//12366. chinatax. gov. cn/xiaohui/？guide = 1. 2.

工福利费中列支。企业应取得伤亡职工的伤亡证明、调解或判决资料、支付凭证等相关资料，作为企业职工因公伤亡而发生的补偿金的相关证据。

（十四）企业为员工出差购买人身意外保险的涉税处理

1. 案例描述

甲公司将为员工出差购买人身意外保险所产生的支出计入成本费用，并在税前扣除。

2. 税收政策规定

《关于企业所得税有关问题的公告》（国家税务总局公告 2016 年第 80 号）

关于企业差旅费中人身意外保险费支出税前扣除问题

企业职工因公出差乘坐交通工具发生的人身意外保险费支出，准予企业在计算应纳税所得额时扣除。

3. 涉税处理建议

为员工购买的人身意外险，如果是与因公出差乘坐交通工具相关的，则可以在计算应纳税所得额时扣除，否则不允许扣除。

（十五）员工境外出差取得票据的涉税处理

1. 案例描述

甲公司委派三名业务人员出国联系业务，在国外发生的住宿费、交通费、餐费等费用，用国外消费的签购单报销费用。

2. 税收政策规定

（1）《关于发布〈企业所得税税前扣除凭证管理办法〉的公告》（国家税务总局公告 2018 年第 28 号）

第十一条，企业从境外购进货物或者劳务发生的支出，以对方开具的发票或者具有发票性质的收款凭证、相关税费缴纳凭证作为税前扣除凭证。

（2）《中华人民共和国发票管理办法》（2019 年修订）

第三十三条，单位和个人从中国境外取得的与纳税有关的发票或者凭证，税务机关在纳税审查时有疑义的，可以要求其提供境外公证机构或者注册会计师的确认证明，经税务机关审核认可后，方可作为记账核算的凭证。

3. 涉税处理建议

企业委派业务人员出国联系业务，在国外发生的住宿费、交通费、餐费等费用，可以用国外消费的签购单报销费用税前列支。如果税局提出异议的，可以提供境外公证机构或者注册会计师的确认证明，经税务机关审核认可后，可作为记账核算的凭证。

（十六）提前解除劳动合同支付补偿金的涉税处理

1. 案例描述

甲公司2020年发生提前解除劳动合同支付的补偿金20万元。

2. 税收政策规定

（1）《中华人民共和国企业所得税法》（2018年修订）

第三十四条，企业发生的合理的工资薪金支出，准予扣除。

（2）《关于华为集团内部人员调动离职补偿税前扣除问题的批复》（税总函〔2015〕299号）

企业根据公司财务制度为职工提取离职补偿费，在进行年度企业所得税汇算清缴时，对当年度“预提费用”科目发生额进行纳税调整，待职工从企业离职并实际领取离职补偿费后，企业可按规定进行税前扣除。

（3）《中华人民共和国劳动合同法》（2012年修订）

第四十六条，有下列情形之一的，用人单位应当向劳动者支付经济补偿：

（一）劳动者依照本法第三十八条规定解除劳动合同的；

（二）用人单位依照本法第三十六条规定向劳动者提出解除劳动合同并与劳动者协商一致解除劳动合同的；

（三）用人单位依照本法第四十条规定解除劳动合同的；

（四）用人单位依照本法第四十一条第一款规定解除劳动合同的；

（五）除用人单位维持或者提高劳动合同约定条件续订劳动合同，劳动者不同意续订的情形外，依照本法第四十四条第一项规定终止固定期限劳动合同的；

（六）依照本法第四十四条第四项、第五项规定终止劳动合同的；

（七）法律、行政法规规定的其他情形。

第四十七条，经济补偿按劳动者在本单位工作的年限，每满一年支付一个月工资的标准向劳动者支付。六个月以上不满一年的，按一年计算；不满六个月的，向劳动者支付半个月工资的经济补偿。

劳动者月工资高于用人单位所在直辖市、设区的市级人民政府公布的本地区上年度职工月平均工资三倍的，向其支付经济补偿的标准按职工月平均工资三倍的数额支付，向其支付经济补偿的年限最高不超过十二年。

本条所称月工资是指劳动者在劳动合同解除或者终止前十二个月的平均工资。

第四十八条，用人单位违反本法规定解除或者终止劳动合同，劳动者要求继续履行劳动合同的，用人单位应当继续履行；劳动者不要求继续履行劳动合同或者劳动合同已经不能继续履行的，用人单位应当依照本法第八十七条规定支付赔偿金。

3. 涉税处理建议

企业与受雇人员解除劳动合同，支付给职工的一次性补偿金依据企业所得税法和税总函〔2015〕299 号执行口径，在不超过《中华人民共和国劳动合同法》规定的标准及相关部门规定标准的部分，可以进行企业所得税税前扣除。

（十七）支付劳务派遣人员工资的涉税处理

1. 案例描述

甲公司将支付给劳务派遣人员的工资计入工资薪金支，并作为三项经费的计提基数。

2. 税收政策规定

《关于企业工资薪金和职工福利费等支出税前扣除问题的公告》（国家税务总局公告 2015 年第 34 号）

企业接受外部劳务派遣用工支出税前扣除问题

企业接受外部劳务派遣用工所实际发生的费用，应分两种情况按规定在税前扣除：按照协议（合同）约定直接支付给劳务派遣公司的费用，应作为劳务费支出；直接支付给员工个人的费用，应作为工资薪金支出和职工福利费支出。其中属于工资薪金支出的费用，准予计入企业工资薪金总额的基数，作为计算其他各项相关费用扣除的依据。

3. 涉税处理建议

国家税务总局公告2015年第34号规定，劳务派遣人员的工资按照协议（合同）约定直接支付给劳务派遣公司的费用，应作为劳务费支出，这部分不可作为三项经费的计提基数；但对于直接支付给员工个人的费用，应区分工资薪金支出和职工福利费支出，其中属于工资薪金支出的费用，准予计入企业工资薪金总额的基数，作为计算其他各项相关费用扣除的依据。

（十八）为研发人员缴纳基本养老保险和公积金的涉税处理

1. 案例描述

甲公司进行了A研发项目，2018年，该项目可以加计扣除的研发费用包括材料费、工资薪金、“五险一金”、折旧费和其他相关费用（包括福利费、资料费与调研费），但不包括职工教育经费。

2. 税收政策规定

《财政部、国家税务总局、科技部关于完善研究开发费用税前加计扣除政策的通知》（财税〔2015〕119号）

研发活动及研发费用归集范围：

（一）允许加计扣除的研发费用。

企业开展研发活动中实际发生的研发费用，未形成无形资产计入当期损益的，在按规定据实扣除的基础上，按照本年度实际发生额的50%，从本年度应纳税所得额中扣除；形成无形资产的，按照无形资产成本的150%在税前摊销。研发费用的具体范围包括：

人员人工费用。

直接从事研发活动人员的工资薪金、基本养老保险费、基本医疗保险费、失业保险费、工伤保险费、生育保险费和住房公积金，以及外聘研发人员的劳务费用。

3. 涉税处理建议

依据财税〔2015〕119号，为研发人员缴纳的基本养老保险和公积金可以加计进行企业所得税扣除。

（十九）企业安置残疾人支付工资的涉税处理

1. 案例描述

甲公司2019年共安置了5名残疾人，在2019年度所得税汇算清缴时，所发放的残疾人的工资均按100%加计扣除，节约所得税25万元。

2. 税收政策规定

《关于安置残疾人员就业有关企业所得税优惠政策问题的通知》（财税〔2009〕70号）

根据《中华人民共和国企业所得税法》（2018年修订）和《中华人民共和国企业所得税法实施条例》（2019年修订）的有关规定，现就企业安置残疾人员就业有关企业所得税优惠政策问题，通知如下：

企业安置残疾人员的，在按照支付给残疾职工工资据实扣除的基础上，可以在计算应纳税所得额时按照支付给残疾职工工资的100%加计扣除。

企业就支付给残疾职工的工资，在进行企业所得税预缴申报时，允许据实计算扣除；在年度终了进行企业所得税年度申报和汇算清缴时，再依照本条第一款的规定计算加计扣除。

残疾人员的范围适用《中华人民共和国残疾人保障法》的有关规定。

企业享受安置残疾职工工资100%加计扣除应同时具备如下条件：

（一）依法与安置的每位残疾人签订了1年以上（含1年）的劳动合同或服务协议，并且安置的每位残疾人在企业实际上岗工作。

（二）为安置的每位残疾人按月足额缴纳了企业所在区县人民政府根据国家政策规定的基本养老保险、基本医疗保险、失业保险和工伤保险等社会保险。

（三）定期通过银行等金融机构向安置的每位残疾人实际支付了不低于企业所在区县适用的经省级人民政府批准的最低工资标准的工资。

（四）具备安置残疾人上岗工作的基本设施。

3. 涉税处理建议

根据财税〔2009〕70号规定，单位安置残疾人支付工资的加计扣除，包含个人承担的社保费和住房公积金部分，但不包含企业承担的部分。招聘残疾人给企业带来的税费优惠力度很大，企业在条件允许的情况下，可根据自己的实际情况招聘残疾人，减少税费支出。

（二十）单位统一组织购买商业健康保险的涉税处理

1. 案例描述

甲公司统一组织购买了商业健康保险 20 万元。

2. 税收政策规定

（1）《中华人民共和国企业所得税法实施条例》（2019 年修订）

第三十五条，企业依照国务院有关主管部门或者省级人民政府规定的范围和标准为职工缴纳的基本养老保险费、基本医疗保险费、失业保险费、工伤保险费、生育保险费等基本社会保险费和住房公积金，准予扣除。企业为投资者或者职工支付的补充养老保险费、补充医疗保险费，在国务院财政、税务主管部门规定的范围和标准内，准予扣除。

第三十六条，除企业依照国家有关规定为特殊工种职工支付的人身安全费和国务院财政、税务主管部门规定可以扣除的其他商业保险费外，企业为投资者或者职工支付的商业保险费，不得扣除。

（2）《关于补充养老保险费、补充医疗保险费有关企业所得税政策问题的通知》（财税〔2009〕27 号）

自 2008 年 1 月 1 日起，企业根据国家有关政策规定，为在本企业任职或者受雇的全体员工支付的补充养老保险费、补充医疗保险费，分别在不超过职工工资总额 5% 标准内的部分，在计算应纳税所得额时准予扣除；超过的部分，不予扣除。

3. 涉税处理建议

根据《中华人民共和国企业所得税法实施条例》（2019 年修订）和《关于补充养老保险费、补充医疗保险费有关企业所得税政策问题的通知》（财税〔2009〕27 号）的规定，如果企业为员工购买的商业健康保险符合补充医疗保险，可以作为补充医疗保险按补充医疗保险企业所得税税前扣除原则在税前扣除；如不属于补充医疗保险的，则不可进行企业所得税税前扣除。

（二十一）单位为从事户外高危作业的一线员工购买保险的涉税处理

1. 案例描述

某电力企业为从事户外高危作业的一线员工购买了人身意外险。请问该费用能否进行企业所得税税前扣除？

2. 税收政策规定

《中华人民共和国企业所得税法实施条例》（2019 年修订）

第三十五条，企业依照国务院有关主管部门或者省级人民政府规定的范围和标准为职工缴纳的基本养老保险费、基本医疗报销费、失业保险费、工伤保险费、生育保险费等基本社会保险费和住房公积金，准予扣除。

第三十六条，除企业依照国家有关规定为特殊工种职工支付的人身安全费和国务院财政、税务主管部门规定可以扣除的其他商业保险费外，企业为投资者或者职工支付的商业保险费，不得扣除。

3. 涉税处理建议

根据以上规定可知，除企业依照国家有关规定为特殊工种职工支付的人身安全费和国务院财政、税务主管部门规定可以扣除的其他商业保险费外，企业为投资者或者职工支付的商业保险费，不得扣除。因此建议企业要正确区分特殊工种职工的范围，并及时与主管税务机关进行沟通，以明确能否进行企业所得税税前扣除。

（二十二）为非本单位人员报销费用的涉税处理

1. 案例描述

甲公司对审计人员发生的费用（差旅费等费用）5 万元进行报销。

2. 税收政策规定

（1）《中华人民共和国企业所得税法》（2018 年修订）

第八条，企业实际发生的与取得收入有关的、合理的支出，包括成本、费用、税金、损失和其他支出，准予在计算应纳税所得额时扣除。

（2）《中华人民共和国企业所得税法实施条例》（2019 年修订）

第二十七条，企业所得税法第八条所称有关的支出，是指与取得收入直接相关的支出。

3. 涉税处理建议

（1）非本单位员工的差旅费支出与公司的业务若是相关，只要是实际支出，都应入账计入相关费用，按照税法规定在企业所得税前扣除。比如，外聘审计人员进行审计而为其报销的往返机票及住宿费，可以计入相关的审计成本费用；招待客户为其报销的往返机票及住宿费，可以计入业务招待费；企业聘请老师做内训，报销的往返机票及住宿费，可以计入职工教育经费。需要注意的是，同样是为审计人员支付的差旅费，若审计人员对应行程的目的不是审计而是业务洽谈等且未计入审计服务合同的，是计入相关成本、费用还是计入业务招待费，建议向主管税务机关确认后进行所得税处理。

（2）非本单位员工的差旅费与公司的业务若不相关，与公司取得收入经营无关的费用不论如何入账，应该全部做纳税调增，不能在企业所得税前扣除。

（二十三）统一给员工定做工作服的涉税处理

1. 案例描述

甲公司根据其工作性质和特点，统一制作工作服并要求员工工作时统一着装，所发生实际费用 89 万元，该费用是否可以在企业所得税税前扣除。

2. 税收政策规定

（1）《中华人民共和国企业所得税法实施条例》（2019 年修订）

第二十七条，企业所得税法第八条所称有关的支出，是指与取得收入直接相关的支出。企业所得税法第八条所称合理的支出，是指符合生产经营活动常规，应当计入当期损益或者有关资产成本的必要和正常的支出。

（2）《关于企业所得税若干问题的公告》（国家税务总局公告 2011 年第 34 号）

四、关于企业员工服饰费用支出扣除问题。企业根据其工作性质和特点，由企业统一制作并要求员工工作时统一着装所发生的工作服饰费用，根据《实施条例》第二十七条的规定，可以作为企业合理的支出给予税前扣除。

3. 涉税处理建议

根据以上规定，该公司统一制作并要求员工工作时统一着装的工作服费用可以进行企业所得税税前扣除。公司应根据自己的工作性质和特点，决定是否统一制作工作服并要求员工工作时统一着装；由此产生的费用，按照相关规定计算税款及申报缴纳。

（二十四）汇算清缴时仍未收到发票的涉税处理

1. 案例描述

2020 年 3 月，甲公司在进行所得税汇算清缴工作时发现一笔 30 万元的咨询费一直未能取得发票。

2. 税收政策规定

（1）关于发布《企业所得税税前扣除凭证管理办法》的公告（国家税务总局公告 2018 年第 28 号）

第十三条，企业应当取得而未取得发票、其他外部凭证或者取得不合规发票、不合规其他外部凭证的，若支出真实且已实际发生，应当在当年度汇算清缴期结束前，要求对方补开、换开发票、其他外部凭证。补开、换开后的发票、其他外部凭证符合规定的，可以作为税前扣除凭证。

（2）《关于企业所得税应纳税所得额若干税务处理问题的公告》（国家税务总局公告 2012 年第 15 号）

根据《中华人民共和国税收征收管理法》的有关规定，对企业发现以前年度实际发生的、按照税收规定应在企业所得税前扣除而未扣除或者少扣除的支出，企业做出专项申报及说明后，准予追补至该项目发生年度计算扣除，但追补确认期限不得超过 5 年。

3. 涉税处理建议

如果能在汇算清缴前取得有效凭证的，可以在企业所得税税前扣除；否则，年度汇算时不能扣除。

企业由于汇算清缴时未取得发票而多缴的企业所得税税款，如果在五年内能够取得有效凭证，该项支出是可以追补到项目发生年度扣除；同时，如果有多缴的企业所得税税款，也可以用来抵扣企业所得税应纳税款或申请退税。

（二十五）车辆租赁费用的涉税处理

1. 案例描述

甲公司为了节省成本，暂向某租赁公司以经营租赁方式租入 3 辆轿车用于日常办公使用，租赁费每年为 6 万元，租赁期限为 3 年，租赁费合计为 18 万元。

2. 税收政策规定

《中华人民共和国企业所得税法实施条例》（2019 年修订）

第四十七条，企业根据生产经营活动的需要租入固定资产支付的租赁费，按照以下方法扣除：

（一）以经营租赁方式租入固定资产发生的租赁费支出，按照租赁期限均匀扣除；

（二）以融资租赁方式租入固定资产发生的租赁费支出，按照规定构成融资租入固定资产价值的部分应当提取折旧费用，分期扣除。

3. 涉税处理建议

按照《企业所得税法实施条例》的规定，以经营方式租入车辆的费用，在计算企业所得税时允许按照租赁期限均匀扣除。因此，该企业租入 3 辆轿车的租赁费允许税前均匀扣除，每年允许税前扣除的租赁费为 6 万元。

（二十六）在开办费中列支业务招待费的涉税处理

1. 案例描述

甲公司在筹建期间发生业务招待费累计 10 万元，该企业将业务招待费全额做企业所得税税前扣除，未做纳税调整。经税务机关核实，甲公司应将列支业务招待费的 60%（即 6 万元）计入开办费，并按相关规定做税前扣除，业务招待费 40%（即 4 万元）不允许在税前扣除，应调增应纳税所得额。

2. 税收政策规定

（1）《中华人民共和国企业所得税法实施条例》（2019 年修订）

第四十三条，企业发生的与生产经营活动有关的业务招待费支出，按照发生额的 60% 扣除，但最高不得超过当年销售（营业）收入的 5‰。

（2）《关于企业所得税应纳税所得额若干税务处理问题的公告》（国家税务总局公告 2012 年第 15 号）

关于筹办期业务招待费等费用税前扣除问题。

企业在筹建期间发生的与筹办活动有关的业务招待费支出，可按实际发生额的 60% 计入企业筹办费，并按有关规定在税前扣除。

3. 涉税处理建议

本案例中甲公司在建期间未将业务招待费按40%的比例进行税前调增，造成少缴企业所得税的税务风险。

企业在汇算清缴企业所得税时，应区分会计核算和税收规定的差异，认真仔细核算，确保企业所得税应纳税所得额调整全面充分，且数额准确。

（二十七）已计提但未实际发生费用的涉税处理

1. 案例描述

2018年11月，甲公司与乙公司发生纠纷，乙公司向法院提起商标权诉讼。至2018年12月31日法院尚未判决。甲公司向律师咨询得知，其败诉的可能性为80%，如果败诉，赔偿金额可能为100万～120万元，诉讼费3 000元。企业所得税率为25%，假设企业2018年会计利润为200万元，不考虑其他纳税调整事项，甲公司确认预计负债110万元［=(100+120)÷2］，具体账务处理如下：

借：管理费用——诉讼费	3 000	
营业外支出——诉讼赔偿	1 100 000	
贷：预计负债——未决诉讼		1 103 000

2. 税收政策规定

《中华人民共和国企业所得税法》（2018年修订）

第八条，企业实际发生的与取得收入有关的、合理的支出，包括成本、费用、税金、损失和其他支出，准予在计算应纳税所得额时扣除。

3. 涉税处理建议

预计负债只是履行该义务很可能导致经济利益流出企业，还没有实际发生，不符合税法规定的实际发生原则，由此不允许在计算应纳税所得额时扣除。

（二十八）随工资一起发放的货币福利的涉税处理

1. 案例描述

某国有企业2018年账上列支工资薪金100万元，而本年度该企业上级单位对其批准的工资总额限额为105万元；另外，该公司在福利费中列支固定与工资薪金一起发放的福利性补贴20万元。

2. 税收政策规定

（1）《关于企业工资薪金及职工福利费扣除问题的通知》（国税函〔2009〕3号）

关于合理工资薪金问题。

《实施条例》第三十四条所称的“合理工资薪金”，是指企业按照股东大会、董事会、薪酬委员会或相关管理机构制定的工资薪金制度规定实际发放给员工的工资薪金。税务机关在对工资薪金进行合理性确认时，可按以下原则掌握：①企业制定了较为规范的员工工资薪金制度；②企业所制定的工资薪金制度符合行业及地区水平；③企业在一定时期所发放的工资薪金是相对固定的，工资薪金的调整是有序进行的；④企业对实际发放的工资薪金，已依法履行了代扣代缴个人所得税义务。⑤有关工资薪金的安排，不以减少或逃避税款为目的。

关于工资薪金总额问题。

《实施条例》第四十、四十一、四十二条所称的“工资薪金总额”，是指企业按照本通知第一条规定实际发放的工资薪金总和，不包括企业的职工福利费、职工教育经费、工会经费以及养老保险费、医疗保险费、失业保险费、工伤保险费、生育保险费等社会保险费和住房公积金。属于国有性质的企业，其工资薪金，不得超过政府有关部门给予的限定数额；超过部分，不得计入企业工资薪金总额，也不得在计算企业应纳税所得额时扣除。

（2）《关于企业工资薪金和职工福利费等支出税前扣除问题的公告》（国家税务总局公告2015年第34号）

企业福利性补贴支出税前扣除问题。

列入企业员工工资薪金制度、固定与工资薪金一起发放的福利性补贴，符合《关于企业工资薪金及职工福利费扣除问题的通知》（国税函〔2009〕3号）第一条规定的，可作为企业发生的工资薪金支出，按规定在税前扣除。

（3）《国家税务总局对十二届全国人大三次会议第1927号建议的答复》（2016年02月23日国家税务总局办公厅）

企业发放的职工交通补贴和供暖费补贴可按规定在企业所得税前扣除

《中华人民共和国企业所得税法实施条例》第四十条规定：企业发

生的职工福利费支出，不超过工资薪金总额14%的部分，准予扣除。根据《关于企业工资薪金及职工福利费扣除问题的通知》（国税函〔2009〕3号）第三条规定，职工交通补贴和供暖费补贴属于职工福利费。也就是说，企业发放的职工交通补贴和供暖费补贴可以按照税法规定税前扣除。由于国家税收制度与企业财会制度规范的目的不同，两者之间将产生一定的差异，这是为了防止税基受到侵蚀，确保国家税收收入的需要。

企业发放的符合条件的福利性补贴可作为工资薪金按规定税前扣除

2015年5月8日，国家税务总局发布《关于企业工资薪金和职工福利费等支出税前扣除问题的公告》（国家税务总局公告2015年第34号），明确列入企业员工工资薪金制度、固定与工资薪金一起发放的福利性补贴，符合国税函〔2009〕3号文件第一条规定的，可作为企业发生的工资薪金支出，按规定在税前扣除。本公告适用于2014年度及以后年度企业所得税汇算清缴。本公告施行前尚未进行税务处理的事项，符合本公告规定的可按本公告执行。您在建议中反映的企业福利费超支问题，对于其中符合条件的福利性补贴，可按本公告规定作为工资薪金税前扣除，从而在很大程度上解决或缓解了福利费超支问题。

3. 涉税处理建议

国家税务总局公告2015年第34号政策规定，符合国税函〔2009〕3号第一条规定的，“可”作为企业发生的工资薪金支出，按规定在税前扣除。从字面意思理解，企业发放的福利符合国税函〔2009〕3号第一条规定是可以选择在工资与福利中核算的；《国家税务总局对十二届全国人大三次会议第1927号建议的答复》也是从解决或缓解福利费超支问题、有利于企业的角度制定货币化福利的税前扣除政策。

因此，从政策原文及国家税务总局政策制定的出发点来看，上述案例中随工资一起固定发放的货币福利，企业应可选择不计入工资薪金。建议企业对此问题，咨询属地主管税务机关。

（二十九）公益性捐赠支出的涉税处理

1. 案例描述

甲公司2020年度发生的公益性捐赠支出20万元，当年利润总额为

100 万元。2020 年公益性捐赠支出扣除限额 12 万元，当年汇算时纳税调增 8 万元。

2. 税收政策规定

《财政部、国家税务总局关于公益性捐赠支出企业所得税税前结转扣除有关政策的通知》（财税〔2018〕15 号）

企业当年发生及以前年度结转的公益性捐赠支出，准予在当年税前扣除的部分，不能超过企业当年年度利润总额的 12%。企业发生的公益性捐赠支出未在当年税前扣除的部分，准予向以后年度结转扣除，但结转年限自捐赠发生年度的次年起计算最长不得超过三年。企业在对公益性捐赠支出计算扣除时，应先扣除以前年度结转的捐赠支出，再扣除当年发生的捐赠支出。

3. 涉税处理建议

甲公司 2020 年度发生的公益性捐赠未能在 2020 年度扣除的 8 万元，可依据《财政部、国家税务总局关于公益性捐赠支出企业所得税税前结转扣除有关政策的通知》（财税〔2018〕15 号）规定结转到 2021 年、2022 年和 2023 年扣除，如在 2023 年还不能扣除，则不可再往以后年度结转。

三、资产项目

（一）已停用固定资产的涉税处理

1. 案例描述

甲公司拥有生产设备一台，因技术更新较快，其所生产的产品在市场上已经没有竞争力，企业管理层决定该固定资产 2020 年 5 月停止使用，经甲公司财务人员确认，该设备为于 2017 年购买，原值 498 万元，预计使用年限 5 年，预计净残值 8 万元，截至 2020 年 5 月，该固定资产折旧未足额提取，财务人员根据《企业会计准则第 4 号——固定资产》以及《财政部关于印发〈关于执行《企业会计制度》和相关会计准则有关问题解答〉的通知》（财会〔2002〕18 号）的规定，对该生产设备计提折旧。

2. 税收政策规定

《中华人民共和国企业所得税法实施条例》(2019 年修订)

第五十九条，企业应当自固定资产投入使用月份的次月起计算折旧；停止使用的固定资产，应当自停止使用月份的次月起停止计算折旧。

3. 涉税处理建议

根据《企业所得税法实施条例》的规定，停止使用的固定资产，应当自停止使用月份的次月起停止计算折旧，会计上计提的折旧不能税前扣除，应进行纳税调整。因此，甲公司对这部分停止使用的资产提取的折旧应当在该年度申报企业所得税时进行纳税调增。

（二）无偿借出固定资产的涉税处理

1. 案例描述

甲公司于2019年新开发一栋办公楼，因其一层一直处于闲置状态，企业管理层商议决定将闲置的部分无偿借给另一家公司（非关联方）办公使用，财务人员对上述办公楼计提了折旧费用。并进行税前扣除。

2. 税收政策规定

《中华人民共和国企业所得税法》(2018 年修订)

第八条，企业实际发生的与取得收入有关的、合理的支出，包括成本、费用、税金、损失和其他支出，准予在计算应纳税所得额时扣除。

第十一条，与经营活动无关的固定资产不得计提折旧扣除。

3. 涉税处理建议

因甲公司将开发的办公楼无偿借给另一家非关联公司作为办公使用，未取得任何收入，所以其折旧应属于与取得收入无关的支出，不得税前扣除；由此，对于已经税前扣除的折旧费，应在计算应纳税所得额时进行纳税调增。如使用方为关联单位，应按关联交易定价不公允处理，折旧可以税前扣除，但应当按房租公允价格确认租赁收入。

（三）会计折旧年限与税法规定不一致的涉税处理

1. 案例描述

甲公司购置了一台设备，并将会计折旧年限设定为 15 年；税法规定，该固定资产最低折旧年限为 10 年，甲公司拟在计算企业所得税时按照 10

年计提折旧扣除。

2. 税收政策规定

《关于企业所得税应纳税所得额若干问题的公告》（国家税务总局公告2014 年第 29 号）

固定资产折旧的企业所得税处理。

（一）企业固定资产会计折旧年限如果短于税法规定的最低折旧年限，其按会计折旧年限计提的折旧高于按税法规定的最低折旧年限计提的折旧部分，应调增当期应纳税所得额；企业固定资产会计折旧年限已期满且会计折旧已提足，但税法规定的最低折旧年限尚未到期且税收折旧尚未足额扣除，其未足额扣除的部分准予在剩余的税收折旧年限继续按规定扣除。

（二）企业固定资产会计折旧年限如果长于税法规定的最低折旧年限，其折旧应按会计折旧年限计算扣除，税法另有规定的除外。

3. 涉税处理建议

本案例中，甲公司固定资产会计折旧年限如果短于税法规定的最低折旧年限，其按会计折旧年限计提的折旧高于按税法规定的最低折旧年限计提的折旧部分，应调增当期应纳税所得额；企业固定资产会计折旧年限已期满且会计折旧已提足，但税法规定的最低折旧年限尚未到期且税收折旧尚未足额扣除，其未足额扣除的部分准予在剩余的税收折旧年限继续按规定扣除。

甲公司固定资产会计折旧年限长于税法规定的最低折旧年限，其折旧应当按照会计折旧年限计算扣除（税法另有规定的除外）。

（四）房屋、建筑物进行改扩建的涉税处理

1. 案例描述

甲公司拥有一栋厂房，该厂房于 2009 年 12 月 31 日建成，原值 7 000 万元，折旧年限 20 年，已提折旧年限为 10 年；2020 年 1 月 1 日，因该公司规模扩大，厂房需要扩大面积，经公司研究决定，对该厂房行扩建并对原有的厂房进行重新装修和提升功能，改扩建成本为 3 000 万元。公司于 2020 年 6 月 30 日完成了该厂房的改扩建工作，扩建后该固定资产的折旧年限为 15 年。

2. 税收政策规定

(1)《中华人民共和国企业所得税法实施条例》(2019 年修订)

第五十八条，固定资产按照以下方法确定计税基础：

(一) 外购的固定资产，以购买价款和支付的相关税费以及直接归属于使该资产达到预定用途发生的其他支出为计税基础；

(二) 自行建造的固定资产，以竣工结算前发生的支出为计税基础；

(三) 融资租入的固定资产，以租赁合同约定的付款总额和承租人在签订租赁合同过程中发生的相关费用为计税基础，租赁合同未约定付款总额的，以该资产的公允价值和承租人在签订租赁合同过程中发生的相关费用为计税基础；

(四) 盘盈的固定资产，以同类固定资产的重置完全价值为计税基础；

(五) 通过捐赠、投资、非货币性资产交换、债务重组等方式取得的固定资产，以该资产的公允价值和支付的相关税费为计税基础；

(六) 改建的固定资产，除企业所得税法第十三条第 (一) 项和第 (二) 项规定的支出外，以改建过程中发生的改建支出增加计税基础。

(2)《关于企业所得税若干问题的公告》(国家税务总局公告 2011 年第 34 号)

企业对房屋、建筑物固定资产在未足额提取折旧前进行改扩建的，如属于推倒重置的，该资产原值减除提取折旧后的净值，应并入重置后的固定资产计税成本，并在该固定资产投入使用后的次月起，按照税法规定的折旧年限一并计提折旧；如属于提升功能、增加面积的，该固定资产的改扩建支出并入该固定资产计税基础，并从改扩建完工投入使用后的次月起，重新按税法规定的该固定资产折旧年限计提折旧，如该改扩建后的固定资产尚可使用的年限低于税法规定的最低年限的，可以按尚可使用的年限计提折旧。

3. 涉税处理建议

本案例中，甲公司应当按照税法规定，将改扩建发生的支出 3 000 万元并入该厂房计税基础 (7 000 万元)，此时该厂房改扩建后的计税基础为 10 000 万元，并按照改扩建后的折旧年限计提折旧；因此，该企业 2020 年应提取的折旧费用为 333.33($=10\,000 \div 15 \div 12 \times 6$) 万元。

（五）无形资产摊销的涉税处理

1. 案例描述

甲公司购买了一项特许权，成本为 480 万元，合同规定受益年限为 8 年，该公司拟按照 8 年确认摊销年限？并税前扣除。

2. 税收政策规定

《中华人民共和国企业所得税法实施条例》（2019 修订）

第六十七条，无形资产按照直线法计算的摊销费用，准予扣除。无形资产的摊销年限不得低于 10 年。作为投资或者受让的无形资产，有关法律规定或者合同约定了使用年限的，可以按照规定或者约定的使用年限分期摊销。

3. 涉税处理建议

本案例中，若该无形资产合同未约定摊销年限，应当按照税法规定的折旧年限进行摊销，每月应摊销 40 000 元（ =4 800 000 ÷10 ÷12）。

该合同约定了无形资产收益年限，可以按照约定的使用年限分期摊销，每月应摊销 50 000 元（ =4 800 000 ÷8 ÷12）。

（六）将房屋推倒重置的涉税处理

1. 案例描述

某生产企业的一个老厂房，因无法满足企业新增一条生产线的要求，且该厂房建造初始质量已有瑕疵，企业管理层决定将老厂房推倒，重新建造一个面积更大、质量更好的新厂房。该业务情况如下：厂房原值 1 000 万元（假设无残值），已经计提折旧 600 万元。现在完全拆除旧厂房重新建造新厂房，新厂房为 2 000 万元，该企业认定该厂房的计税基础为 3 000 万元。

2. 税收政策规定

《关于企业所得税若干问题的公告》（国家税务总局公告 2011 年第 34 号）

企业对房屋、建筑物固定资产在未足额提取折旧前进行改扩建的，如属于推倒重置的，该资产原值减除提取折旧后的净值，应并入重置后的固定资产计税成本，并在该固定资产投入使用后的次月起，按照税法规定的折旧年限一并计提折旧；如属于提升功能、增加面积的，该固定资产的改扩建支出并入该固定资产计税基础，并从改扩建完工投入使用后的次月起，重新按税法规定的该固定资产折旧年限计提折旧，如该改扩建后的固定资产尚可使用的年限低于税法规定的最低年限的，可以按尚可使用的年限计提折旧。

3. 涉税处理建议

根据国家税务总局公告2011年第34号规定，企业对房屋、建筑物固定资产在未足额提取折旧前进行改扩建推倒重置的，应将该资产原值减除提取折旧后的净值，并入重置后的固定资产计税成本，并从该固定资产投入使用后的次月起，按照税法规定的折旧年限一并计提折旧。因此，上述企业厂房原值1 000万元，已经计提折旧600万元，未计提折旧400万元，新厂房建造成本为2 000万元，认定该厂房的计税基础应为2 400万元。

（七）新建房屋已使用未取得发票的涉税处理

1. 案例描述

甲公司2020年建造了一栋房屋，该房屋已完成验收并于当年11月份投入使用，但工程未办理结算，尚未取得全部的发票。按照企业会计制度的规定，应当允许计提折旧（会计折旧年限大于税法规定的折旧年限），对计提的折旧费用在2020年所得税汇算清缴时如何税前扣除。

2. 税收政策规定

《关于贯彻落实企业所得税法若干税收问题的通知》（国税函〔2010〕79号）

企业固定资产投入使用后，由于工程款项尚未结清，未取得全额发票的，可暂按合同规定的金额计入固定资产计税基础计提折旧，待发票取得后进行调整。但该项调整应在固定资产投入使用后12个月内进行。

3. 涉税处理建议

甲公司2020年按照计提的折旧金额，根据国税函〔2010〕79号的规定，在所得税汇算清缴时若未取得发票，未超过12个月，仍然可以扣除；后期，如果在投入使用后12个月后仍未取得发票的，应对2020年度企业所得税重新申报，调增2020年度对应的折旧金额，并相应补缴企业所得税。

（八）“未确认融资费用”的涉税处理

1. 案例描述

甲公司有一笔长期应付款，总额为 5 000 万元，该应付款对应交易为以融资租赁方式租入的固定资产，同时有未确认融资费用约 1 000 万元；2020 年度产生摊销“未确认融资费用”150 万元。

2. 税收政策规定

《中华人民共和国企业所得税法实施条例》（2019 年修订）

第二十七条，企业所得税法第八条所称有关的支出，是指与取得收入直接相关的支出。

企业所得税法第八条所称合理的支出，是指符合生产经营活动常规，应当计入当期损益或者有关资产成本的必要和正常的支出。

3. 涉税处理建议

根据税法的规定，以融资租赁方式租入的固定资产计税基础不计算现值，因此，在租赁期间，对于会计上计入当期“财务费用”的“未确认融资费用”税前不可以扣除，同时应当按照每年计入财务费用的金额做纳税调增处理。

（九）申报扣除资产损失是否需出具专项报告

1. 案例描述

甲公司在进行 2019 年企业所得税汇算清缴时，向税务机关申报扣除发生的资产损失，分析是否需要出具专项报告？

2. 税收政策规定

（1）《关于企业所得税资产损失资料留存备查有关事项的公告》（国家税务总局公告 2018 年第 15 号）

企业向税务机关申报扣除资产损失，仅需填报企业所得税年度纳税申报表《资产损失税前扣除及纳税调整明细表》，不再报送资产损失相关资料。相关资料由企业留存备查。

企业应当完整保存资产损失相关资料，保证资料的真实性、合法性。

（2）《关于取消 20 项税务证明事项的公告》（国家税务总局公告 2018

年第65号）

序号	证明名称	证明用途	取消后的办理方式
1	饲料产品合格证明	符合免税条件的饲料生产企业办理饲料产品免征增值税优惠备案时，需提供有计量认证资质的饲料质量检测机构（名单由省税务局确认）出具的饲料产品合格证明	不再提交。享受免征增值税优惠政策的饲料产品应当符合行业主管部门明确的产品质量标准。主管税务机关应加强后续管理，必要时可委托第三方检测机构对产品质量进行检测，一经发现不符合免税条件的，应及时纠正并依法处理
2	中介机构专项报告及其相关的证明材料	企业向税务机关申报扣除按独立交易原则向关联企业转让资产而发生的损失，或向关联企业提供借款、担保而形成的债权损失时，需留存备查中介机构出具的专项报告及其相关的证明材料	不再留存。改为纳税人留存备查自行出具的有法定代表人、主要负责人和财务负责人签章证实有关损失的书面申明和相关材料

3. 涉税处理建议

根据国家税务总局公告2018年第15号和国家税务总局公告2018年第65号的规定，企业发生的资产损失不需再向主管税务机关备案，不需要取得专业技术鉴定意见，也不需要取得法定资质中介机构出具的专项报告，仅需填报企业所得税年度纳税申报表《资产损失税前扣除及纳税调整明细表》，不再报送资产损失相关资料。相关资料由企业留存备查，但取消法定资质中介机构出具的专项报告后，需留存备查企业自行出具的有法定代表人、主要负责人和财务负责人签章证实有关损失的书面声明和相关材料。

（十）资产损失资料改为留存备查后，留存资料要保管多久

1. 案例描述

甲公司去年在当地成立一家分支机构，由于经营不善发生亏损，经领导决定，于2018年9月份进行分支机构注销，分支机构注销时发生亏损共20多万，现在总公司去税务局进行资产损失备案时，被告知自2018年起

税务局不再接受此项备案，由企业自行将相关资料留存备查。

2. 税收政策规定

《中华人民共和国增值税暂行条例实施细则》（财政部、税务总局令第50号）

第二十九条，账簿、记账凭证、报表、完税凭证、发票、出口凭证以及其他有关涉税资料应当合法、真实、完整。

账簿、记账凭证、报表、完税凭证、发票、出口凭证以及其他有关涉税资料应当保存10年；但是，法律、行政法规另有规定的除外。

3. 涉税处理建议

资产损失资料改为留存备查后，留存资料要自行保管10年。

（十一）资产损失未及时申报扣除的涉税处理

1. 案例描述

甲公司发生资产损失共20多万，去税务局进行资产损失备案时，被告知自2018年起税务局不再接受此项备案，由企业自行将相关资料留存备查；但企业在准备资料时发现材料有缺失，分析以后年度企业发生的实际资产损失能否追补扣除吗。

2. 税收政策规定

《企业资产损失所得税税前扣除管理办法》（国家税务总局公告2011年第25号）

第六条，企业以前年度发生的资产损失未能在当年税前扣除的，可以按照本办法的规定，向税务机关说明并进行专项申报扣除。其中，属于实际资产损失，准予追补至该项损失发生年度扣除，其追补确认期限一般不得超过五年，但因计划经济体制转轨过程中遗留的资产损失、企业重组上市过程中因权属不清出现争议而未能及时扣除的资产损失、因承担国家政策性任务而形成的资产损失以及政策定性不明确而形成资产损失等特殊原因形成的资产损失，其追补确认期限经国家税务总局批准后可适当延长。属于法定资产损失，应在申报年度扣除。

3. 涉税处理建议

国家税务总局公告2011年第25号规定，资产损失于损失实际发生的会计年度进行扣除。如未及时申报扣除，企业可追补至实际损失年度扣除，其追补确认期限一般不得超过五年。现行规定取消了备案及资料报送，企业发生了实际损失且会计上进行了损失处理，在年度申报时填写了资产损失表，表明企业已经进行了所得税前扣除；如果发生损失当年，企业由于资料未齐全等原因进行了纳税调整，没有在当年所得税前扣除，以后年度资料齐全时，可在规定期限内追补至损失年度扣除。

（十二）固定资产一次性扣除的涉税处理

1. 案例描述

对于某企业将多个单独核算的固定资产作为一个资产管理的情况，请判定该企业是否可以享受500万元以下固定资产可一次性税前扣除？如果可以扣除，应依据单个核算的固定资产价值还是依据资产管理单元内包含的所有资产价值合计数判定。

2. 税收政策规定

（1）《中华人民共和国企业所得税法实施条例》（2019年修订）

第五十七条，企业所得税法第十一条所称固定资产，是指企业为生产产品、提供劳务、出租或者经营管理而持有的、使用时间超过12个月的非货币性资产，包括房屋、建筑物、机器、机械、运输工具以及其他与生产经营活动有关的设备、器具、工具等。

（2）《财政部、税务总局关于设备、器具扣除有关企业所得税政策的通知》（财税〔2018〕54号）

企业在2018年1月1日至2020年12月31日期间新购进的设备、器具，单位价值不超过500万元的，允许一次性计入当期成本费用，在计算应纳税所得额时扣除，不再分年度计算折旧；单位价值超过500万元的，仍按企业所得税法实施条例、《财政部、国家税务总局关于完善固定资产加速折旧企业所得税政策的通知》（财税〔2014〕75号）、《财政部 国家税务总局关于进一步完善固定资产加速折旧企业所得税政策的通知》（财税〔2015〕106号）等相关规定执行。

本通知所称设备、器具，是指除房屋、建筑物以外的固定资产。

（3）《关于设备、器具扣除有关企业所得税政策执行问题的公告》（国家税务总局公告2018年第46号）

根据《中华人民共和国企业所得税法》及其实施条例（以下简称企业所得税法及其实施条例）、《财政部、税务总局关于设备、器具扣除有关企业所得税政策的通知》（财税〔2018〕54 号）规定，现就设备、器具扣除有关企业所得税政策执行问题公告如下：

企业在 2018 年 1 月 1 日至 2020 年 12 月 31 日期间新购进的设备、器具，单位价值不超过 500 万元的，允许一次性计入当期成本费用在计算应纳税所得额时扣除，不再分年度计算折旧（以下简称一次性税前扣除政策）。

（一）所称设备、器具，是指除房屋、建筑物以外的固定资产（以下简称固定资产）；所称购进，包括以货币形式购进或自行建造，其中以货币形式购进的固定资产包括购进的使用过的固定资产；以货币形式购进的固定资产，以购买价款和支付的相关税费以及直接归属于使该资产达到预定用途发生的其他支出确定单位价值，自行建造的固定资产，以竣工结算前发生的支出确定单位价值。

（4）关于《国家税务总局关于设备、器具扣除有关企业所得税政策执行问题的公告》的解读

为进一步支持科技创新，促进企业提质增效，根据国务院决定，财政部、税务总局先后于 2014 年、2015 年两次下发文件，出台了固定资产加速折旧政策，主要包括：一是六大行业和四个领域重点行业企业新购进的固定资产允许加速折旧。二是上述行业小型微利企业新购进的研发和生产经营共用的仪器、设备，单位价值不超过 100 万元的，可一次性税前扣除；三是所有行业企业新购进的专门用于研发的仪器、设备，单位价值不超过 100 万元的，可一次性税前扣除，超过 100 万元，允许加速折旧；四是所有行业企业持有的单位价值不超过 5 000 元的固定资产，可一次性税前扣除。

为进一步扩大优惠范围，引导企业加大设备、器具投资力度，提高企业创业创新的积极性，4 月 25 日国务院常务会议决定，自 2018 年 1 月 1 日至 2020 年 12 月 31 日，将固定资产一次性税前扣除优惠政策范围由企业新购进的单位价值不超过 100 万元的研发仪器、设备扩大至企业新购进的单位价值 500 万元以下设备、器具。财政部和税务总局根据国务院决定，联合下发了《财政部　税务总局关于设备　器具扣除有关企业所得税政策的通知》（财税〔2018〕54 号，以下简称《通知》），明确了设备、器具一次性税前扣除政策。

为贯彻落实好国务院常务会议精神及《通知》的政策规定，税务总局

制定本公告，进一步明确相关政策具体执行口径和征管要求，保证政策有效贯彻实施。

（5）《财政部、国家税务总局关于延长部分税收优惠政策执行期限的公告》（财政部、税务总局公告 2021 年第 6 号）

为进一步支持小微企业、科技创新和相关社会事业发展，现将有关税收政策公告如下：

《财政部、税务总局关于设备、器具扣除有关企业所得税政策的通知》（财税〔2018〕54 号）等 16 个文件规定的税收优惠政策凡已经到期的，执行期限延长至 2023 年 12 月 31 日，详见附件 1。

（6）《企业会计准则第 4 号——固定资产》（2006）

第三条，固定资产，是指同时具有下列特征的有形资产：

（一）为生产商品、提供劳务、出租或经营管理而持有的；

（二）使用寿命超过一个会计年度。

使用寿命，是指企业使用固定资产的预计期间，或者该固定资产所能生产产品或提供劳务的数量。

第四条，固定资产同时满足下列条件的，才能予以确认：

（一）与该固定资产有关的经济利益很可能流入企业；

（二）该固定资产的成本能够可靠地计量。

第五条，固定资产的各组成部分具有不同使用寿命或者以不同方式为企业提供经济利益，适用不同折旧率或折旧方法的，应当分别将各组成部分确认为单项固定资产。

3. 涉税处理建议

根据财税〔2018〕54 号文的规定，允许税前一次性扣除的固定资产需要满足三个条件：一是账面上核算为固定资产且 ERP 资产卡片单独列示；二是单位价值不超过 500 万元；三是固定资产类别为非房屋、建筑物，当公司购入资产时，只要满足以上三个条件，则可以税前一次性扣除。

将符合税前可扣除的相关设备按照功能或者生产管理的需要定义为一项资产管理单元，这种定义只是企业为了满足生产管理的需要而增加的一种不规范标签识别，这种分类不影响组成资产的原有卡片列示，也不影响税收优惠政策的享受。

需要注意的是，若将相关资产组合分类为一种资产管理单元并在资产卡片上作为一项资产列示，同时依据会计准则固定资产核算规定也只核算为一项资产时，则应按合计金额判定是否符合一次性税前扣除的条件。

（十三）转让安全生产专用设备的涉税处理

1. 案例描述

甲公司 2020 年购置一台安全生产专用设备，专用发票注明价税合计金额 217 万元，当年按相关规定抵免企业所得税 21.7 万元；2021 年，甲公司因设备更新换代将原专用设备出售给其他企业，请问甲公司在进行 2021 年度企业所得税申报时如何申报和补缴已抵免企业所得税税款。

2. 税收政策规定

《中华人民共和国企业所得税法实施条例》（2019 年修订）

第一百条，《中华人民共和国企业所得税法》第三十四条所称税额抵免，是指企业购置并实际使用《环境保护专用设备企业所得税优惠目录》、《节能节水专用设备企业所得税优惠目录》和《安全生产专用设备企业所得税优惠目录》规定的环境保护、节能节水、安全生产等专用设备的，该专用设备的投资额的 10% 可以从企业当年的应纳税额中抵免；当年不足抵免的，可以在以后 5 个纳税年度结转抵免。享受前款规定的企业所得税优惠的企业，应当实际购置并自身实际投入使用前款规定的专用设备；企业购置上述专用设备在 5 年内转让、出租的，应当停止享受企业所得税优惠，并补缴已经抵免的企业所得税税款。

3. 涉税处理建议

本案例中，甲公司购置的安全生产专用设备于购置当年 2020 年享受环境保护、节能节水、安全生产设备抵免所得税优惠政策 21.7 万元，但 2021 年甲公司转让该安全生产设备，符合专用设备自购置之日起 5 个纳税年度内转让、出租的情况，此时应在停止使用当月停止享受所得税优惠，并补缴抵免所得税税款。故甲公司应于 2021 年转让年度申报补缴已抵免税款 21.7 万元。

甲公司应严格按照税法规定处理，审核购置的环境保护、节能节水、安全生产专用设备是否符合相关设备优惠目录；处置固定资产时，应检查其是否为三项专用设备，若在购置之日起 5 个纳税年度内转让、出租的，应在停止使用当月停止享受所得税优惠，并补缴已抵免的税款。

（十四）建造、购置固定资产发生的利息支出资本化的涉税风险

1. 案例描述

某电网企业在线路管网建设期间取得项目贷款 5 000 万元，占总投资额的 50%，企业将此贷款用于购置固定资产和建造线路设施，同时期每年支付银行贷款利息 237.5 万元，贷款利息计入当期财务费用，并在申报企业所得税时做税前扣除。经税务机关核实，该贷款费用发生在资本化期间应当资本化，作为资本性支出计入有关资产的成本。

2. 税收政策规定

《中华人民共和国企业所得税法实施条例》（2019 年修订）

第三十七条，企业在生产经营活动中发生的合理的不需要资本化的借款费用，准予扣除。企业为购置、建造固定资产、无形资产和经过 12 个月以上的建造才能达到预定可销售状态的存货发生借款的，在有关资产购置、建造期间发生的合理的借款费用，应当作为资本性支出计入有关资产的成本，并依照本条例的规定扣除。

3. 涉税处理建议

本案例中，该电网企业的线路管网建设期间超过 12 个月，发生的利息支出 237.5 万元属于为购置固定资产和建造线路设施发生的合理的借款费用，符合税法规定的资产化条件，应当作为资本性支出计入有关资产的成本，不应计入当期财务费用并在申报企业所得税时做税前扣除，为此，应当调增贷款利息 237.5 万元，待相关资产正式运营后，记入相关资产成本分期扣除。

企业应区分资本化支出和费用性支出，准确核算成本、费用，确保企业所得税申报准确；应当关注企业短期借款科目、借款合同及协议、利息支出等信息，确保申报企业所得税信息以及所得税纳税调整准确、规范。

（十五）政策性搬迁企业所得税处理

1. 案例描述

甲公司于 2020 年 8 月签订了货币补偿协议书，在 2020 年 12 月收到政府搬迁赔偿款，但相关搬迁及复建工程尚未开始，部分资产仍在使用。根

据国税2012年40号公告《企业政策性搬迁所得税管理办法》，该公司应当自搬迁开始年度，至次年5月31日前，向主管税务机关报送政策性搬迁依据、搬迁规划等相关材料。

（1）请问这项搬迁是否属于政策性搬迁？

（2）请问40号公告中的搬迁开始年度应该如何定义，我们是否需要在今年5月31号前进行备案？

2. 税收政策规定

《企业政策性搬迁所得税管理办法》（国家税务总局公告2012年第40号文）

第三条，企业政策性搬迁，是指由于社会公共利益的需要，在政府主导下企业进行整体搬迁或部分搬迁。企业由于下列需要之一，提供相关文件证明资料的，属于政策性搬迁：

（二）由政府组织实施的能源、交通、水利等基础设施的需要；

……

第六条，企业取得的搬迁补偿收入，是指企业由于搬迁取得的货币性和非货币性补偿收入。具体包括：

（一）对被征用资产价值的补偿；

（二）因搬迁、安置而给予的补偿；

（三）对停产停业形成的损失而给予的补偿；

（四）资产搬迁过程中遭到毁损而取得的保险赔款；

（五）其他补偿收入。

第十五条，企业在搬迁期间发生的搬迁收入和搬迁支出，可以暂不计入当期应纳税所得额，而在完成搬迁的年度，对搬迁收入和支出进行汇总清算。

第二十条，企业边搬迁、边生产的，搬迁年度应从实际开始搬迁的年度计算。

第二十二条，企业应当自搬迁开始年度，至次年5月31日前，向主管税务机关（包括迁出地和迁入地）报送政策性搬迁依据、搬迁规划等相关材料。逾期未报的，除特殊原因并经主管税务机关认可外，按非政策性搬迁处理，不得执行本办法的规定。

第二十三条，企业应向主管税务机关报送的政策性搬迁依据、搬迁规划等相关材料，包括：

（一）政府搬迁文件或公告；

（二）搬迁重置总体规划；

（三）拆迁补偿协议；

（四）资产处置计划；

（五）其他与搬迁相关的事项。

3. 涉税处理建议

根据《关于发布〈企业政策性搬迁所得税管理办法〉的公告》（国家税务总局公告2012年第40号）第三条第二款规定，若搬迁属于由政府组织实施的能源、交通、水利等基础设施需要的，企业能够提供相关文件证明资料的，则属于政策性搬迁。

40号文第二十条规定，企业边搬迁、边生产的，搬迁年度应从实际开始搬迁的年度计算，因此，理论上2020年不属于搬迁开始年度。

值得注意的是，上述文件在实际执行中，部分税务机关以签订协议并收到拆迁款的时间点为判断拆迁开始年度的条件，建议企业在2021年5月31日前携带相关补偿资料及迁改规划设计去主管税所沟通搬迁开始时间，以避免因流程瑕疵而导致不能享受政策性搬迁优惠。

第三章　个人所得税

一、工资奖金

（一）代扣代缴残疾员工工资薪金所得的涉税处理

1. 案例描述

甲公司2020年1月向职工A发放工资，应发工资20 000元（含税），其中，基本养老保险1 000元、基本医疗保险800元、失业保险300元、住房公积金600元，个人年金缴费600元（以上均在税法允许扣除范围之内）。职工A有听力残疾，有残疾人联合会出具的残疾人证。

2. 税收政策规定

《中华人民共和国个人所得税法》（2018年修订）

第五条，有下列情形之一的，可以减征个人所得税，具体幅度和期限，由省、自治区、直辖市人民政府规定，并报同级人民代表大会常务委员会备案：

（一）残疾、孤老人员和烈属的所得；

（二）因自然灾害遭受重大损失的。

国务院可以规定其他减税情形，报全国人民代表大会常务委员会备案。

3. 涉税处理建议

我国个人所得税对残疾人的个税减免优惠权限赋予了省级政府，在单位有招聘残疾人的情况下，需关注本省的个人所得税对残疾人优惠政策的相关规定。

（二）企业高管进修学费的涉税处理

1. 案例描述

甲公司2020年为企业几位高管报销个人进修学费每人27 800元，取得了个人抬头的票据，没有代扣代缴个人所得税。

2. 税收政策规定

(1)《中华人民共和国个人所得税法实施条例》(2018 年修订)

第六条，个人所得税法规定的各项个人所得的范围：

(一) 工资、薪金所得，是指个人因任职或者受雇取得的工资、薪金、奖金、年终加薪、劳动分红、津贴、补贴以及与任职或者受雇有关的其他所得。

(2)《关于印发〈关于企业职工教育经费提取与使用管理的意见〉的通知》(财建〔2006〕317 号)

企业职工参加社会上的学历教育以及个人为取得学位而参加的在职教育，所需费用应由个人承担，不能挤占企业的职工教育培训经费。

3. 涉税处理建议

企业为高管报销的学费属于个人因任职或受雇取得的与任职或者受雇有关的其他所得，应并入当月工资、薪金所得扣缴个人所得税。企业为高管报销的学费，根据财建〔2006〕317 号规定，不属于职工教育经费列支范围，所需费用应由个人承担，不能在企业所得税税前扣除。

(三) 个人因被解雇取得经济补偿金的涉税处理

1. 案例描述

孙先生因企业改制，于 2020 年 8 月 3 日取得一次性补偿收入 30 万元，孙先生在该企业工作了 15 年。

2. 税收政策规定

《财政部、国家税务总局关于个人所得税法修改后有关优惠政策衔接问题的通知》(财税〔2018〕164 号)

关于解除劳动关系、提前退休、内部退养的一次性补偿收入的政策。

(一) 个人与用人单位解除劳动关系取得一次性补偿收入 (包括用人单位发放的经济补偿金、生活补助费和其他补助费)，在当地上年职工平均工资 3 倍数额以内的部分，免征个人所得税；超过 3 倍数额的部分，不并入当年综合所得，单独适用综合所得税率表，计算纳税。

3. 涉税处理建议

本案例中，解除劳动合同取得的补偿在当地上年职工平均工资 3 倍数额以内的部分，免征个人所得税；超过 3 倍数额的部分，不并入当年综合所得，单独适用综合所得税率表计算纳税。

（四）员工取得见义勇为奖金的涉税处理

1. 案例描述

甲公司职工因救落水儿童被政府评为见义勇为行为，除地方政府发放的奖金外，单位也奖励职工 1 000 元，单位发放的奖金部分未缴个人所得税。

2. 税收政策规定

《财政部、国家税务总局关于发给见义勇为者的奖金免征个人所得税问题的通知》（财税字〔1995〕25 号）

为了鼓励广大人民群众见义勇为，维护社会治安，对乡、镇（含乡、镇）以上人民政府或经县（含县）以上人民政府主管部门批准成立的有机构、有章程的见义勇为基金会或者类似组织，奖励见义勇为者的奖金或奖品，经主管税务机关核准，免予征收个人所得税。

3. 涉税处理建议

员工取得公司发放的见义勇为奖金不符合上述规定，应依法缴纳个人所得税。

（五）个人购买商业健康险的涉税处理

1. 案例描述

某公司员工李某 2020 年为自己购买了一份商业健康保险，每月支付保险费用 300 元。

2. 税收政策规定

《关于将商业健康保险个人所得税试点政策推广到全国范围实施的通知》（财税〔2017〕39 号）

关于政策内容。

对个人购买符合规定的商业健康保险产品的支出，允许在当年（月）计算应纳税所得额时予以税前扣除，扣除限额为 2 400 元/年（200 元/月）。单位统一为员工购买符合规定的商业健康保险产品的支出，应分别计入员工个人工资薪金，视同个人购买，按上述限额予以扣除。

2 400 元/年（200 元/月）的限额扣除为个人所得税法规定减除费用标准之外的扣除。

关于适用对象。

适用商业健康保险税收优惠政策的纳税人，是指取得工资薪金所得、连续性劳务报酬所得的个人，以及取得个体工商户生产经营所得、对企事业单位的承包承租经营所得的个体工商户业主、个人独资企业投资者、合伙企业合伙人和承包承租经营者。

关于商业健康保险产品的规范和条件。

符合规定的商业健康保险产品，是指保险公司参照个人税收优惠型健康保险产品指引框架及示范条款（见附件）开发的、符合下列条件的健康保险产品：

（一）健康保险产品采取具有保障功能并设立有最低保证收益账户的万能险方式，包含医疗保险和个人账户积累两项责任。被保险人个人账户由其所投保的保险公司负责管理维护。

（二）被保险人为 16 周岁以上、未满法定退休年龄的纳税人群。保险公司不得因被保险人既往病史拒保，并保证续保。

（三）医疗保险保障责任范围包括被保险人医保所在地基本医疗保险基金支付范围内的自付费用及部分基本医疗保险基金支付范围外的费用，费用的报销范围、比例和额度由各保险公司根据具体产品特点自行确定。

（四）同一款健康保险产品，可依据被保险人的不同情况，设置不同的保险金额，具体保险金额下限由保监会规定。

（五）健康保险产品坚持“保本微利”原则，对医疗保险部分的简单赔付率低于规定比例的，保险公司要将实际赔付率与规定比例之间的差额部分返还到被保险人的个人账户。

根据目标人群已有保障项目和保障需求的不同，符合规定的健康保险产品共有三类，分别适用于：①对公费医疗或基本医疗保险报销后个人负担的医疗费用有报销意愿的人群；②对公费医疗或基本医疗保险报销后个人负担的特定大额医疗费用有报销意愿的人群；③未参加公费医疗或基本医疗保险，对个人负担的医疗费用有报销意愿的人群。

符合上述条件的个人税收优惠型健康保险产品，保险公司应按《保险法》规定程序上报保监会审批。

关于税收征管。

（一）单位统一组织为员工购买或者单位和个人共同负担购买符合规定的商业健康保险产品，单位负担部分应当实名计入个人工资薪金明细清单，视同个人购买，并自购买产品次月起，在不超过200元/月的标准内按月扣除。一年内保费金额超过2 400元的部分，不得税前扣除。以后年度续保时，按上述规定执行。个人自行退保时，应及时告知扣缴单位。个人相关退保信息保险公司应及时传递给税务机关。

（二）取得工资薪金所得或连续性劳务报酬所得的个人，自行购买符合规定的商业健康保险产品的，应当及时向代扣代缴单位提供保单凭证。扣缴单位自个人提交保单凭证的次月起，在不超过200元/月的标准内按月扣除。一年内保费金额超过2 400元的部分，不得税前扣除。以后年度续保时，按上述规定执行。个人自行退保时，应及时告知扣缴义务人。

（三）个体工商户业主、企事业单位承包承租经营者、个人独资和合伙企业投资者自行购买符合条件的商业健康保险产品的，在不超过2 400元/年的标准内据实扣除。一年内保费金额超过2 400元的部分，不得税前扣除。以后年度续保时，按上述规定执行。

关于部门协作。

商业健康保险个人所得税税前扣除政策涉及环节和部门多，各相关部门应密切配合，切实落实好商业健康保险个人所得税政策。

（一）财政、税务、保监部门要做好商业健康保险个人所得税优惠政策宣传解释，优化服务。税务、保监部门应建立信息共享机制，及时共享商业健康保险涉税信息。

（二）保险公司在销售商业健康保险产品时，要为购买健康保险的个人开具发票和保单凭证，载明产品名称及缴费金额等信息，作为个人税前扣除的凭据。保险公司要与商业健康保险信息平台保持实时对接，保证信息真实准确。

（三）扣缴单位应按照本通知及税务机关有关要求，认真落实商业健康保险个人所得税前扣除政策。

（四）保险公司或商业健康保险信息平台应向税务机关提供个人购买商业健康保险的相关信息，并配合税务机关做好相关税收征管工作。

关于实施时间。

本通知自2017年7月1日起执行。自2016年1月1日起开展商业健康保险个人所得税政策试点的地区，自2017年7月1日起继续按本通知规定的政策执行。《财政部　国家税务总局　保监会关于开展商业健康保险个人所得税政策试点工作的通知》（财税〔2015〕56号）、《财政部　国家税务总局　保监会关于实施商业健康保险个人所得税政策试点的通知》（财税〔2015〕126号）同时废止。

3. 涉税处理建议

根据相关规定，李某个人购买的商业保险如果符合财税〔2017〕39号的规定，则月付300元商业健康保险费可以税前扣除额为200元。

（六）员工为亲人购买的商业健康保险的涉税处理

1. 案例描述

甲公司员工张某于2020年为父母二人各购买了一份商业健康保险，每人每年保险费为2 000元。

2. 税收政策规定

《关于将商业健康保险个人所得税试点政策推广到全国范围实施的通知》（财税〔2017〕39号）

关于适用对象。

适用商业健康保险税收优惠政策的纳税人，是指取得工资薪金所得、连续性劳务报酬所得的个人，以及取得个体工商户生产经营所得、对企事业单位的承包承租经营所得的个体工商户业主、个人独资企业投资者、合伙企业合伙人和承包承租经营者。

3. 涉税处理建议

根据相关规定，允许税前扣除的商业健康保险金的投保人为被保险人本人。因此，张某为亲人购买的商业健康保险不属于符合规定的商业健康保险产品，其支出金额不得税前扣除。

（七）抚养子女享受子女教育专项附加扣除的涉税处理

1. 案例描述

某公司员工王先生与妻子结婚多年没有孩子，便从福利机构领养了一位男童；目前，孩子正在上小学三年级。

2. 税收政策规定

《国务院关于印发〈个人所得税专项附加扣除暂行办法〉的通知》（国发〔2018〕41号）

第五条，纳税人的子女接受全日制学历教育的相关支出，按照每个子女每月1 000元的标准定额扣除。

学历教育包括义务教育（小学、初中教育）、高中阶段教育（普通高中、中等职业、技工教育）、高等教育（大学专科、大学本科、硕士研究生、博士研究生教育）。

年满3岁至小学入学前处于学前教育阶段的子女，按本条第一款规定执行。

第二十九条，本办法所称父母，是指生父母、继父母、养父母。本办法所称子女，是指婚生子女、非婚生子女、继子女、养子女。父母之外的其他人担任未成年人的监护人的，比照本办法规定执行。

3. 涉税处理建议

根据相关规定，若王先生为孩子的法定监护人，则可以享受子女教育专项附加扣除。

（八）暑假期间子女教育专项附加扣除的涉税处理

1. 案例描述

某公司员工李某家有一男孩正在上小学三年级，目前正休暑假在家。

2. 税收政策规定

《国家税务总局关于发布〈个人所得税专项附加扣除操作办法（试行）〉的公告》（国家税务总局公告2018年第60号）

纳税人享受符合规定的专项附加扣除的计算时间分别为：

（一）子女教育。学前教育阶段，为子女年满3周岁当月至小学入学前一月。学历教育，为子女接受全日制学历教育入学的当月至全日制学历教育结束的当月。

……

前款第一项、第二项规定的学历教育和学历（学位）继续教育的期间，包含因病或其他非主观原因休学但学籍继续保留的休学期间，以及施教机构按规定组织实施的寒暑假等假期。

3. 涉税处理建议

李某的孩子正在读小学，属于全日制学历教育，暑假期间仍可按照每月 1 000 元的标准享受子女教育专项附加扣除。

（九）首套住房贷款利率贷款的涉税处理

1. 案例描述

某公司员工 A 于早年贷款买了首套住宅，还清上述房贷之后，王女士今年又贷款购买第二套房屋，银行仍按照首套房屋贷款利率发放贷款（王女士首套没有享受过个人所得税专项附加扣除）。

2. 税收政策规定

《国务院关于印发个人所得税专项附加扣除暂行办法的通知》（国发〔2018〕41 号）

第十四条，本办法所称首套住房贷款是指购买住房享受首套住房贷款利率的住房贷款。

3. 涉税处理建议

首套住房贷款利率不一定是首套房才适用，如纳税人此前未享受过住房贷款利息扣除，那么其按照首套住房贷款利率贷款购买的第二套住房也可以享受住房贷款利息扣除。因此，员工 A 在购买第一套住宅且未享受过住房贷款利息扣除的情况下，现在购买的第二套住宅可以享受住房贷款利息扣除。

（十）夫妻双方婚前都有住房贷款，婚后享受住房贷款利息专项附加扣除的涉税处理

1. 案例描述

某公司员工小何夫妇双方在婚前都有住房贷款，结婚后拟分别申报享受住房贷款利息专项附加扣除。

2. 税收政策规定

《国务院关于印发个人所得税专项附加扣除暂行办法的通知》（国发〔2018〕41 号）

第十四条，纳税人本人或者配偶单独或者共同使用商业银行或者住房公积金个人住房贷款为本人或者其配偶购买中国境内住房，发生的首套住房贷款利息支出，在实际发生贷款利息的年度，按照每月 1 000 元的标准

定额扣除，扣除期限最长不超过240个月。纳税人只能享受一次首套住房贷款的利息扣除。

本办法所称首套住房贷款，是指购买住房享受首套住房贷款利率的住房贷款。

第十五条，经夫妻双方约定，可以选择由其中一方扣除，具体扣除方式在一个纳税年度内不能变更。

夫妻双方婚前分别购买住房发生的首套住房贷款，其贷款利息支出，婚后可以选择其中一套购买的住房，由购买方按扣除标准的100%扣除，也可以由夫妻双方对各自购买的住房分别按扣除标准的50%扣除，具体扣除方式在一个纳税年度内不能变更。

第十六条，纳税人应当留存住房贷款合同、贷款还款支出凭证备查。

3. 涉税处理建议

根据相关规定，小何夫妇可以由一方按1 000元/月扣除，也可以双方分别按500元/月扣除；但一经选择，一个纳税年度内不能变更。

（十一）父母贷款为子女买房的涉税处理

1. 案例描述

某公司员工陈先生贷款为其儿子购买一套住房，房产证产权证明登记为陈先生儿子，贷款合同的贷款人为陈先生本人，陈先生拟对于这套住宅享受住房贷款利息专项附加扣除。

2. 税收政策规定

《国务院关于印发个人所得税专项附加扣除暂行办法的通知》（国发〔2018〕41号）

第十四条，纳税人本人或者配偶单独或者共同使用商业银行或者住房公积金个人住房贷款为本人或者其配偶购买中国境内住房，发生的首套住房贷款利息支出，在实际发生贷款利息的年度，按照每月1 000元的标准定额扣除，扣除期限最长不超过240个月。纳税人只能享受一次首套住房贷款的利息扣除。

3. 涉税处理建议

根据《国务院关于印发个人所得税专项附加扣除暂行办法的通知》（国发〔2018〕41号）规定，只有纳税人本人或者配偶使用住房贷款为本人或者其配偶购买中国境内住房，发生的首套住房贷款利息支出可以扣除。因此，陈先生为其儿子贷款购买的这套住房不可以享受住房贷款利息专项附加扣除。

（十二）学历继续教育期间取得职业资格证书的涉税处理

1. 案例描述

甲公司员工李先生 2019 年开始接受学历继续教育，2020 年又取得了注册会计师资格证书，李先生拟在 2020 年叠加享受继续教育专项附加扣除。

2. 税收政策规定

（1）《国务院关于印发个人所得税专项附加扣除暂行办法的通知》（国发〔2018〕41 号）

第八条，纳税人在中国境内接受学历（学位）继续教育的支出，在学历（学位）教育期间按照每月 400 元定额扣除。同一学历（学位）继续教育的扣除期限不能超过 48 个月。纳税人接受技能人员职业资格继续教育、专业技术人员职业资格继续教育的支出，在取得相关证书的当年，按照 3 600 元定额扣除。

（2）国家税务总局 12366 纳税服务平台《个人所得税专项附加扣除 200 问》

对同时符合学历（学位）继续教育和技能人员职业资格继续教育、专业技术人员职业资格继续教育的纳税人，该年度可叠加享受两个扣除。

3. 涉税处理建议

根据上述政策，李先生 2020 年继续教育共计可扣除 8 400（=4 800 + 3 600）元。

（十三）接受远程教育的涉税处理

1. 案例描述

甲公司员工黄女士报名了现代远程教育，黄女士拟享受继续教育专项附加。

2. 税收政策规定

国家税务总局 12366 纳税服务平台《个人所得税专项附加扣除 200 问》

纳税人参加夜大、函授、现代远程教育、广播电视大学等教育，所读学校为其建立学籍档案的，可以享受学历（学位）继续教育扣除。

3. 涉税处理建议

根据上述政策，黄女士的远程教育若是取得学籍，是可以按照继续教育扣除的。

（十四）外派员工租房的涉税处理

1. 案例描述

企业外派员工钱先生长期在外省租房，请问，钱先生的拟享受租金支出专项附加扣除。

2. 税收政策规定

国家税务总局12366纳税服务平台《个人所得税专项附加扣除200问》

对于为外派员工解决住宿问题的，不应扣除住房租金。对于外派员工自行解决租房问题的，如一年内多次变换工作地点，个人应及时向扣缴义务人或者税务机关更新专项附加扣除相关信息，允许一年内按照更换工作地点的情况分别进行扣除。

3. 涉税处理建议

根据上述规定，对于钱先生的房租，如果是由单位为其解决住宿问题，不应扣除住房租金；如果是钱先生自行解决租房问题，且一年内在不同城市分别租房的，可以按照更换工作地点的情况分别进行扣除。

（十五）租住员工宿舍的涉税处理

1. 案例描述

为了职工上下班方便，某公司为员工提供员工宿舍，员工月付租金给甲公司，甲公司员工拟享受租金支出专项附加扣除。

2. 税收政策规定

国家税务总局12366纳税服务平台《个人所得税专项附加扣除200问》

租住员工宿舍的，如果个人不付租金，不得扣除；如果本人支付租金，可以扣除。

3. 涉税处理建议

根据上述规定，若甲公司员工每月个人向企业支付租金，该部分租金可以在计算个人所得税时扣除。

（十六）两人合租住房的涉税处理

1. 案例描述

某公司员工邱女士与其他人一起合租住房，邱女士拟享受租金专项附加。

2. 税收政策规定

《国务院关于印发个人所得税专项附加扣除暂行办法的通知》（国发〔2018〕41号）

第十九条，住房租金支出由签订租赁住房合同的承租人扣除。

3. 涉税处理建议

根据上述规定，合租租房的邱女士与其他人若都与出租方签署了规范的租房合同，可根据租金定额标准各自扣除。

（十七）纳税人缴纳家庭成员大病医疗支出的涉税处理

1. 案例描述

某公司员工郑先生的父亲患重病，分析他家人的大病医疗支出能否由郑先生拟享受税前扣除。

2. 税收政策规定

《国务院关于印发个人所得税专项附加扣除暂行办法的通知》（国发〔2018〕41号）

第十二条，纳税人发生的医药费用支出可以选择由本人或者其配偶扣除；未成年子女发生的医药费用支出可以选择由其父母一方扣除。

3. 涉税处理建议

根据上述规定，纳税人及其配偶、未成年子女发生的医药费用支出，可按规定分别计算扣除额，但目前并未将纳税人父母纳入大病医疗扣除范围。因此，郑先生父亲的大病医疗支出不可以税前扣除。

（十八）非独生子女的兄弟姐妹已去世时赡养老人的涉税处理

1. 案例描述

某公司员工周女士的姐姐于2020年4月因车祸不幸去世，请问周女士

2020 年拟按独生子女标准享受赡养老人专项附加扣除。

2. 税收政策规定

国家税务总局 12366 纳税服务平台《个人所得税专项附加扣除 200 问》

一个纳税年度内，如纳税人的其他兄弟姐妹均已去世，其可在第二年按照独生子女赡养老人标准 2 000 元/月扣除。如纳税人的兄弟姐妹在 2019 年 1 月 1 日以前均已去世，则选择按“独生子女”身份享受赡养老人扣除标准；如纳税人已按“非独生子女”身份填报，可修改已申报信息，此前按非独生子女身份扣除少享受的部分，可以在下月领工资时补扣除。

3. 涉税处理建议

根据上述规定，因周女士姐姐过世，母亲没有其他子女赡养，周女士可以按照独生子女标准享受每月 2 000 元的赡养老人专项附加扣除。

（十九）独生子女父母再婚赡养老人的涉税处理

1. 案例描述

某公司员工田先生为家中独生子女，父母早年离异，后均再婚且未再育，田先生拟按独生子女标准享受赡养老人专项附加扣除。

2. 税收政策规定

国家税务总局 12366 纳税服务平台《个人所得税专项附加扣除 200 问》

对于独生子女家庭，父母离异后重新组建家庭，在新组建的两个家庭中，只要父母中一方没有纳税人以外的其他子女进行赡养，则纳税人可以按照独生子女标准享受每月 2 000 元的赡养老人专项附加扣除。除上述情形外，不能按照独生子女享受专项附加扣除。在填写专项附加扣除信息表时，纳税人需注明与被赡养人的关系。

3. 涉税处理建议

根据上述规定，田先生的父亲母亲虽然离异，但均没有其他子女赡养，田先生可以按照独生子女标准享受每月 2 000 元的赡养老人专项附加扣除。

（二十）享受赡养老人专项附加扣除的涉税处理

1. 案例描述

某公司员工郭女士家中共有兄弟姐妹 4 人，家中父母已满 60 岁，郭女士与家中姐妹拟按均摊方式享受赡养老人专项附加扣除。

2. 税收政策规定

《国务院关于印发个人所得税专项附加扣除暂行办法的通知》（国发〔2018〕41号）

第二十二条，纳税人为非独生子女的，由其与兄弟姐妹分摊每月2 000元的扣除额度，每人分摊的额度不能超过每月1 000元。可以由赡养人均摊或者约定分摊，也可以由被赡养人指定分摊。约定或者指定分摊的须签订书面分摊协议，指定分摊优先于约定分摊。具体分摊方式和额度在一个纳税年度内不能变更。

3. 涉税处理建议

根据上述规定可知，纳税人之间赡养老人支出采用分摊扣除的，如果是均摊，郭女士与兄弟姐妹之间不需要再签订书面协议，也无须向税务机关报送。如果采取约定分摊或者老人指定分摊的方式，需要签订书面协议。书面协议不需要向税务机关或者扣缴义务人报送，而是自行留存备查。

（二十一）未及时报送专项附加扣除信息如何处理

1. 案例描述

某公司员工贾先生因与兄弟姐妹对赡养老人分摊金额协商不成，暂时未报送赡养老人专项附加扣除信息。

2. 税收政策规定

国家税务总局12366纳税服务平台《个人所得税专项附加扣除200问》

对部分专项附加扣除事项不确定，或是其他原因，未能在2019年1月份或符合专项附加扣除条件的当月报送专项附加扣除信息的，可以在相关事项确定后，再填报相关扣除信息；对之前符合条件应当享受而未享受的，可以在该纳税年度剩余月份补充享受，也可以在次年3月1日至6月30日内向税务机关办理综合所得汇算清缴申报时办理扣除。

3. 涉税处理建议

根据上述规定，贾先生可以在协商完成的月份填报相关信息补充享受，也可以在次年办理汇算清缴时再申报扣除。

（二十二）专项附加扣除信息发生变化的申报处理

1. 案例描述

某公司员工杜女士原来享受住房租金专项附加扣除，但年度中间因故终止租赁合同。

2. 税收政策规定

《国务院关于印发个人所得税专项附加扣除暂行办法的通知》（国发〔2018〕41号）

第二十五条，专项附加扣除信息发生变化的，纳税人应当及时向扣缴义务人或者税务机关提供相关信息。

3. 涉税处理建议

若纳税人的专项附加扣除信息发生变化，纳税人可通过个人所得税APP、网页端自行更新，并告知扣缴单位，请其在扣缴客户端软件中通过“下载更新”功能模块获取最新的专项附加扣除信息；也可以填写《个人所得税专项附加扣除信息表》提交给扣缴单位，扣缴单位在扣缴客户端软件中点击“修改”功能菜单，更新、导入纳税人最新的专项附加扣除信息。

二、福利补贴

（一）固定标准差旅费津贴和误餐补助费的涉税处理

1. 案例描述

甲公司为了加强经费控制，提高差旅工作效率，对员工差旅中发生的除城市间交通费及住宿费外的部分费用给予固定标准的差旅费津贴、误餐补助，差旅费津贴、误餐补助暂未代扣代缴个人所得税。

2. 税收政策规定

（1）《国家税务总局所得税司巡视员卢云在国家税务总局网站接受网友在线提问时回答》

根据现行个税法和有关政策规定，单位以现金方式给出差人员发放交通费、餐费补贴应征收个税，但如果单位是根据国家有关一定标准，凭出差人员实际发生的交通费、餐费发票作为公司费用予以报销，可以不作为个人所得征收个税。

（2）国家税务总局12366智能咨询回复：公司员工出差，发生餐费支出取得的误餐补贴是否需要交纳个人所得税？

按照现行个人所得税法和有关政策规定，单位根据国家有关标准，凭出差人员实际发生的交通费、餐费发票作为公司费用予以报销，可以不作为个人所得征收个人所得税。但对于单位以差旅费名义发放的工资性质的津补贴，应纳入工资薪金所得缴纳个人所得税。

3. 涉税处理建议

目前，法规对出差差旅包干费用是否应纳税工资薪金所得计算缴纳个人所得税没有明文规定，单位可参考国家税务总局的答疑并咨询主管税务机关的口径后确定该费用是否应计入工资薪金所得。

（二）通信费补贴的涉税处理

1. 案例描述

某公司每月为员工每月支付通信费补贴200元。

2. 税收政策规定

《关于个人所得税有关政策问题的通知》（国税发〔1999〕58号）

关于个人取得公务交通、通讯补贴收入征税问题。

个人因公务用车和通讯制度改革而取得的公务用车、通讯补贴收入，扣除一定标准的公务费用后，按照“工资、薪金”所得项目计征个人所得税。按月发放的，并入当月“工资、薪金”所得计征个人所得税；不按月发放的，分解到所属月份并与该月份“工资、薪金”所得合并后计征个人所得税。

公务费用的扣除标准，由省级地方税务局（被《国家税务总局关于修改部分税收规范性文件的公告》（2018年6月15日发布，2018年6月15日实施）修改为“省税务局”）根据纳税人公务交通、通信费用的实际发生情况调查测算，报经省级人民政府批准后确定，并报国家税务总局备案。

3. 涉税处理建议

根据上述规定，甲公司为员工每月支付的200元通信费补贴属于从公司取得的工资薪金所得，在扣除省级税务局确定的扣除标准后，应按工资薪金所得计算缴纳个人所得税。

（三）为员工支付的体检费用的涉税处理

1. 案例描述

某公司每年组织职工进行体检，甲公司拟并入工资薪金代扣代缴个人所得税。

2. 税收政策规定

（1）《中华人民共和国个人所得税法》（2018 年修订）

下列各项个人所得，应纳个人所得税：工资、薪金所得。

（2）《中华人民共和国个人所得税法实施条例》（2018 年修订）

第八条，《中华人民共和国个人所得税法》第二条所说的各项个人所得的范围：

（一）工资、薪金所得，是指个人因任职或者受雇而取得的工资、薪金、奖金、年终加薪、劳动分红、津贴、补贴以及与任职或者受雇有关的其他所得。

个人所得的形式，包括现金、实物、有价证券和其他形式的经济利益。所得为实物的，应当按照取得的凭证上所注明的价格计算应纳税所得额；无凭证的实物或者凭证上所注明的价格明显偏低的，参照市场价格核定应纳税所得额。所得为有价证券的，根据票面价格和市场价格核定应纳税所得额。所得为其他形式的经济利益的，参照市场价格核定应纳税所得额。

3. 涉税处理建议

根据上述规定，公司为职工支付的体检费应并入工资薪金所得缴纳个人所得税。

（四）向员工发放实物福利的涉税处理

1. 案例描述

在中秋节来临之际，某公司为其职工每人发放月饼礼盒一份、葡萄五斤，市场价值 100 元，甲公司拟并入工资薪金代扣代缴个人所得税。

2. 税收政策规定

《关于生活补助费范围确定问题的通知》(国税发〔1998〕155号)

从福利费和工会经费中支付给单位职工的人人有份的补贴、补助，不属于免税的福利费范围，应当并入纳税人的工资、薪金收入计征个人所得税。

3. 涉税处理建议

根据上述规定，企业向员工发放月饼等实物，应按照职工获得非货币性福利的金额并入发放当月职工个人的工资薪金计算扣缴个人所得税。

(五) 从工会经费中列支的生日购物卡的涉税处理

1. 案例描述

甲公司每个职工在生日当天都可以获得一份生日补助费300元，甲公司拟并入工资薪金代扣代缴个人所得税。

2. 税收政策规定

《关于生活补助费范围确定问题的通知》(国税发〔1998〕155号)

从福利费和工会经费中支付给单位职工的人人有份的补贴、补助，不属于免税的福利费范围，应当并入纳税人的工资、薪金收入计征个人所得税。

3. 涉税处理建议

根据上述规定，员工取得的从企业工会经费中列支的生日补助费，应当并入员工当月的工资、薪金收入，计征个人所得税。

三、社保年金

(一) 缴纳个人养老金的涉税处理

1. 案例描述

某公司员工刘先生养老金应缴纳总额为1 034.40元，其中公司缴纳500元，个人工资扣减534.40元，甲公司按534.40元计入专项扣除。

2. 税收政策规定

《财政部、国家税务总局关于基本养老保险费、基本医疗保险费、失业

保险费、住房公积金有关个人所得税政策的通知》（财税〔2006〕10号）

企事业单位按照国家或省（自治区、直辖市）人民政府规定的缴费比例或办法实际缴付的基本养老保险费、基本医疗保险费和失业保险费，免征个人所得税。

3. 涉税处理建议

根据上述规定，个人按照国家或省（自治区、直辖市）人民政府规定的缴费比例或办法实际缴付的基本养老保险费、基本医疗保险费和失业保险费，允许在个人应纳税所得额中扣除，单位缴纳部分不记入个人工资、薪金所得，个人承担的养老金534.40元因不超过标准，可扣除。

（二）住房公积金年度调整的涉税处理

1. 案例描述

上年度社会平均工资一般在6月份发布，住房公积金缴存基数在7月份调整，因此一些企业可能存在调整后住房公积金缴纳数超过个人所得税扣除限额的情况。

2. 税收政策规定

《财政部、国家税务总局关于基本养老保险费、基本医疗保险费、失业保险费、住房公积金有关个人所得税政策的通知》（财税〔2006〕10号）

根据《住房公积金管理条例》、《建设部、财政部、中国人民银行关于住房公积金管理若干具体问题的指导意见》（建金管〔2005〕5号）等规定精神，单位和个人分别在不超过职工本人上一年度月平均工资12%的幅度内，其实际缴存的住房公积金，允许在个人应纳税所得额中扣除。单位和职工个人缴存住房公积金的月平均工资不得超过职工工作地所在设区城市上一年度职工月平均工资的3倍，具体标准按照各地有关规定执行。单位和个人超过上述规定比例和标准缴付的住房公积金，应将超过部分并入个人当期的工资、薪金收入，计征个人所得税。

3. 涉税处理建议

根据上述规定，调整前后公积金缴存基数均未超过3倍市平均工资的职工，个人所得税计算方法不变。个人负担部分的公积金超出抵扣个人所得税上限的部分不能税前扣除，单位负担的公积金超过免税上限的部分，需要并入应税收入中计征个人所得税。

（三）支取住房公积金的涉税处理

1. 案例描述

某公司员工孙先生准备领取住房公积金为自己购买一套住房，孙先生想了解领取住房公积金时是否需要缴纳个人所得税。

2. 税收政策规定

《财政部、国家税务总局关于基本养老保险、基本医疗保险费、失业保险费、住房公积金有关个人所得税政策的通知》（财税〔2006〕10 号）

个人实际领（支）取原提存的基本养老保险、基本医疗保险费、失业保险费、住房公积金时，免征个人所得税。

3. 涉税处理建议

根据上述规定，孙先生购买住房时领取的住房公积金不需要缴纳个人所得税。

（四）企业年金的涉税处理

1. 案例描述

甲公司为其员工缴付企业年金，对单位缴费部分不并入工资薪金代扣代缴个人所得税，对个人缴费部分从当期的个人应纳税所得额中扣除。

2. 税收政策规定

《财政部、人力资源社会保障部、国家税务总局关于企业年金、职业年金个人所得税有关问题的通知》（财税〔2013〕103 号）

企业年金和职业年金缴费的个人所得税处理：

（一）企业和事业单位（以下统称单位）根据国家有关政策规定的办法和标准，为在本单位任职或者受雇的全体职工缴付的企业年金或职业年金（以下统称年金），单位缴费部分在计入个人账户时，个人暂不缴纳个人所得税；

（二）个人根据国家有关政策规定缴付的年金个人缴费部分，在不超过本人缴费工资计税基数的 4% 标准内的部分，暂从个人当期的应纳税所得额中扣除；

（三）超过本通知第一条第一项和第二项规定的标准缴付的年金单位缴费和个人缴费部分，应并入个人当期的工资、薪金所得，依法计征个人所得税。税款由建立年金的单位代扣代缴，并向主管税务机关申报解缴；

（四）企业年金个人缴费工资计税基数为本人上一年度月平均工资。月平均工资按国家统计局规定，列入工资总额统计的项目计算。月平均工资超过职工工作地所在设区城市上一年度职工月平均工资300%以上的部分，不计入个人缴费工资计税基数。

3. 涉税处理建议

根据上述规定，公司为其员缴付企业年金时，未超过上述规定标准，无须缴纳个人所得税。

（五）退休后领取企业年金的涉税处理

1. 案例描述

某公司员工王先生达到国家规定的退休年龄，开始领取企业年金，王先生想了解领取企业年金如何扣缴个人所得税。

2. 税收政策规定

《财政部、税务总局关于个人所得税法修改后有关优惠政策衔接问题的通知》（财税〔2018〕164号）

个人达到国家规定的退休年龄领取的企业年金、职业年金，符合《财政部、人力资源社会保障部、国家税务总局关于企业年金、职业年金个人所得税有关问题的通知》（财税〔2013〕103号）规定的，不并入综合所得，全额单独计算应纳税款。其中按月领取的，适用月度税率表计算纳税；按季领取的，平均分摊计入各月，按每月领取额适用月度税率表计算纳税，按年领取的，适用综合所得税率表计算纳税。个人因出境定居而一次性领取的年金个人账户资金，或个人死亡后，其指定的受益人或法定继承人一次性领取的年金个人账户余额，适用综合所得税率表计算纳税。对个人除上述特殊原因外一次性领取年金个人账户资金或余额的，适用月度税率表计算纳税。

3. 涉税处理建议

根据上述规定，王先生领取的企业年金需缴纳个人所得税，由扣缴义务人代扣代缴，但不并入工资薪金所得，而是单独计算纳税，无须汇算清缴。

（六）职工发生工伤申领工伤保险的涉税处理

1. 案例描述

某公司员工李某外出出差途中出车祸，被判定为工伤后取得的工伤保险待遇，李某想了解领取工伤补助金是否需要缴纳个人所得税。

2. 税收政策规定

《财政部、国家税务总局关于工伤职工取得的工伤保险待遇有关个人所得税政策的通知》（财税〔2012〕40号）

对工伤职工及其近亲属按照《工伤保险条例》（中华人民共和国国务院令第586号）规定取得的工伤保险待遇，免征个人所得税。

本通知第一条所称的工伤保险待遇，包括工伤职工按照《工伤保险条例》（中华人民共和国国务院令第586号）规定取得的一次性伤残补助金、伤残津贴、一次性工伤医疗补助金、一次性伤残就业补助金、工伤医疗待遇、住院伙食补助费、外地就医交通食宿费用、工伤康复费用、辅助器具费用、生活护理费等，以及职工因工死亡，其近亲属按照《工伤保险条例》规定取得的丧葬补助金、供养亲属抚恤金和一次性工亡补助金等。

3. 涉税处理建议

根据上述规定，对于李某工伤所得工伤保险待遇，应当免征个人所得税。

四、劳务报酬

（一）搬运工劳务费的涉税处理

1. 案例描述

某公司仓库搬运工每次的劳务费不超个人所得税起征点，合计的劳务费金额超个人所得税起征点，请问该公司是否要代扣个人所得税。

2. 税收政策规定

（1）《中华人民共和国个人所得税法》（2018年修订）

劳务报酬所得、稿酬所得、特许权使用费所得、财产租赁所得，每次收入不超过4 000元的，减除费用800元；4 000元以上的，减除20%的费用，其余额为应纳税所得额。

（2）《中华人民共和国个人所得税法实施条例》（2018年修订）

劳务报酬所得，属于一次性收入的，以取得该项收入为一次；属于同一项目连续性收入的，以一个月内取得的收入为一次。

3. 涉税处理建议

根据上述规定，对于劳务费纳税的起征点是800元。仓库搬运工由于属于同一项目连续性收入的，应以一个月内取得的收入总额代扣个人所得税。收入不超过4 000元的，减除费用800元；4 000元以上的，减除20%的费用，余额为应纳税所得额。

（二）聘请专家进行学员培训支付劳务报酬的涉税处理

1. 案例描述

某公司2020年聘请一名专家顾问对学员进行培训，培训费50 000元，是否需要代扣代缴个人所得税。

2. 税收政策规定

《关于发布〈个人所得税扣缴申报管理办法（试行）〉的公告》（国家税务总局公告2018年第61号）

第八条，扣缴义务人向居民个人支付劳务报酬所得、稿酬所得、特许权使用费所得时，应当按照以下方法按次或者按月预扣预缴税款：

劳务报酬所得、稿酬所得、特许权使用费所得以收入减除费用后的余额为收入额；其中，稿酬所得的收入额减按百分之七十计算。

减除费用：预扣预缴税款时，劳务报酬所得、稿酬所得、特许权使用费所得每次收入不超过四千元的，减除费用按八百元计算；每次收入四千元以上的，减除费用按收入的百分之二十计算。

应纳税所得额：劳务报酬所得、稿酬所得、特许权使用费所得，以每次收入额为预扣预缴应纳税所得额，计算应预扣预缴税额。劳务报酬所得适用个人所得税预扣率表二（见附件），稿酬所得、特许权使用费所得适用百分之二十的比例预扣率。

居民个人办理年度综合所得汇算清缴时，应当依法计算劳务报酬所得、稿酬所得、特许权使用费所得的收入额，并入年度综合所得计算应纳税款，税款多退少补。

个人所得税预扣率表二

（居民个人劳务报酬所得预扣预缴适用）

级数	预扣预缴应纳税所得额	预扣率（%）	速算扣除数
1	不超过20 000元	20	0
2	超过20 000元至50 000元的部分	30	2 000
3	超过50 000元的部分	40	7 000

3. 涉税处理建议

根据上述规定，培训费50 000元符合劳务费加成征收，应预扣预缴个人所得税为10 000元（=50 000×0.8×0.3－2 000）。

（三）劳务报酬所得的涉税处理

1. 案例描述

张某在某培训学校兼职讲课。2020年9月讲课一次，取得讲课费2 000元；同年10月份合计讲课3次，每次取得讲课费2 000元，请计算张某2020年9月和10月应缴纳的个人所得税。

2. 税收政策规定

《关于发布〈个人所得税扣缴申报管理办法（试行）〉的公告》（国家税务总局公告2018年第61号）

第十一条，劳务报酬所得属于一次性收入的，以取得该项收入为一次，属于同一项目连续性收入的，以一个月内取得的收入为一次，考虑属地管辖与时间划定有交叉的特殊情况，统一法规以县（含县级市、区）为一地，其管辖内的一个月内的劳务服务为一次；当月跨县地域的，则应分别计算。

3. 涉税处理建议

（1）张某9月份应缴纳个人所得税为240元[=(2 000－800)×20%]。

（2）根据税法规定，属于同一项目连续性收入的，以一个月内取得的收入为一次，所以，张某10月份应缴纳个人所得税为960元{=[(2 000+2 000+2 000)－(2 000+2 000+2 000)×20%]×20%}。

（四）企业员工在内部网站发表文章取得稿酬的涉税处理

1. 案例描述

2020年8月，张某在本企业内部期刊上发表一篇文章，取得稿酬5 000

元，请问张某应如何缴纳个人所得税。

2. 税收政策规定

《关于个人所得税若干业务问题的批复》（国税函〔2002〕146号）

关于报纸、杂志、出版等单位的职员在本单位的刊物上发表作品、出版图书取得所得征税的问题。任职、受雇于报纸、杂志等单位的记者、编辑等专业人员，因在本单位的报纸、杂志上发表作品取得的所得，属于因任职、受雇而取得的所得，应与其当月工资收入合并，按“工资、薪金所得”项目征收个人所得税。

3. 涉税处理建议

根据上述政策规定，张某在工作单位期刊上发表作品取得的所得，应按“工资薪金所得”项目征收个人所得税。

五、税收优惠

（一）销售商品的同时赠送礼品的涉税处理

1. 案例描述

甲公司通过网络平台向个人销售商品时附赠小礼品，所附赠的礼品是否需要代扣代缴个人所得税。

2. 税收政策规定

《财政部、国家税务总局关于企业促销展业赠送礼品有关个人所得税问题的通知》（财税〔2011〕50号）

企业在销售商品（产品）和提供服务过程中向个人赠送礼品，属于下列情形之一的，不征收个人所得税：

（1）企业通过价格折扣、折让方式向个人销售商品（产品）和提供服务；

（2）企业在向个人销售商品（产品）和提供服务的同时给予赠品，如通信企业对个人购买手机赠话费、入网费，或者购话费赠手机等；

（3）企业对累积消费达到一定额度的个人按消费积分反馈礼品。

…………

3. 涉税处理建议

根据上述政策规定，企业销售商品时同时赠送小礼品，或者消费积分达到一定数额后兑换礼品，不征收个人所得税。

（二）领取生育津贴和生育医疗费的涉税处理

1. 案例描述

甲公司职工 A 因生育领取了生育津贴和生育医疗费，请问其是否需要交纳个人所得税。

2. 税收政策规定

《关于生育津贴和生育医疗费有关个人所得税政策的通知》（财税〔2008〕8 号）

根据《个人所得税法》的有关规定，经国务院批准，现就生育津贴和生育医疗费有关个人所得税政策通知如下：生育妇女按照县级以上人民政府根据国家有关规定制定的生育保险方法，取得的生育津贴、生育医疗费或其他属于生育保险性质的津贴、补贴，免征个人所得税。

3. 涉税处理建议

按照规定，生育妇女按照县级以上人民政府根据国家有关规定制定的生育保险方法取得的生育津贴、生育医疗费或其他属于生育保险性质的津贴、补贴，免征个人所得税；因此，职工 A 无须缴纳个人所得税。

（三）个人捐赠公益事业的涉税处理

1. 案例描述

罗先生通过非营利性的社会团体捐赠给红十字事业 10 000 元，是否可在个税前扣除。

2. 税收政策规定

《财政部、国家税务总局发布关于公益慈善事业捐赠个人所得税政策的公告》（财政部税务总局公告 2019 年第 99 号）

个人通过中华人民共和国境内公益性社会组织、县级以上人民政府及其部门等国家机关，向教育、扶贫、济困等公益慈善事业的捐赠（以下简称公益捐赠），发生的公益捐赠支出，可以按照个人所得税法有关规定在计算应纳税所得额时扣除。

前款所称境内公益性社会组织，包括依法设立或登记并按规定条件和程序取得公益性捐赠税前扣除资格的慈善组织、其他社会组织和群众团体。

个人发生的公益捐赠支出金额，按照以下规定确定：（一）捐赠货币性资产的，按照实际捐赠金额确定；（二）捐赠股权、房产的，按照个人持有股权、房产的财产原值确定；（三）捐赠除股权、房产以外的其他非货币性资产的，按照非货币性资产的市场价格确定。

居民个人按照以下规定扣除公益捐赠支出：（一）居民个人发生的公益捐赠支出可以在财产租赁所得、财产转让所得、利息股息红利所得、偶然所得（以下统称分类所得）、综合所得或者经营所得中扣除。在当期一个所得项目扣除不完的公益捐赠支出，可以按规定在其他所得项目中继续扣除；（二）居民个人发生的公益捐赠支出，在综合所得、经营所得中扣除的，扣除限额分别为当年综合所得、当年经营所得应纳税所得额的百分之三十；在分类所得中扣除的，扣除限额为当月分类所得应纳税所得额的百分之三十；（三）居民个人根据各项所得的收入、公益捐赠支出、适用税率等情况，自行决定在综合所得、分类所得、经营所得中扣除的公益捐赠支出的顺序。

居民个人在综合所得中扣除公益捐赠支出的，应按照以下规定处理：（一）居民个人取得工资薪金所得的，可以选择在预扣预缴时扣除，也可以选择在年度汇算清缴时扣除。

居民个人选择在预扣预缴时扣除的，应按照累计预扣法计算扣除限额，其捐赠当月的扣除限额为截至当月累计应纳税所得额的百分之三十（全额扣除的从其规定，下同）。个人从两处以上取得工资薪金所得，选择其中一处扣除，选择后当年不得变更。（二）居民个人取得劳务报酬所得、稿酬所得、特许权使用费所得的，预扣预缴时不扣除公益捐赠支出，统一在汇算清缴时扣除。（三）居民个人取得全年一次性奖金、股权激励等所得，且按规定采取不并入综合所得而单独计税方式处理的，公益捐赠支出扣除比照本公告分类所得的扣除规定处理。

居民个人发生的公益捐赠支出，可在捐赠当月取得的分类所得中扣除。当月分类所得应扣除未扣除的公益捐赠支出，可以按照以下规定追补扣除：（一）扣缴义务人已经代扣但尚未解缴税款的，居民个人可以向扣缴义务人提出追补扣除申请，退还已扣税款。（二）扣缴义务人已经代扣且解缴税款的，居民个人可以在公益捐赠之日起 90 日内提请扣缴义务人向征收税款的税务机关办理更正申报追补扣除，税务机关和扣缴义务人应当予以办理。（三）居民个人自行申报纳税的，可以在公益捐赠之日起 90 日内向主管税务机关办理更正申报追补扣除。

居民个人捐赠当月有多项多次分类所得的，应先在其中一项一次分类所得中扣除。已经在分类所得中扣除的公益捐赠支出，不再调整到其他所得中扣除。

…………

国务院规定对公益捐赠全额税前扣除的，按照规定执行。个人同时发生按百分之三十扣除和全额扣除的公益捐赠支出，自行选择扣除次序。

公益性社会组织、国家机关在接受个人捐赠时，应当按照规定开具捐赠票据；个人索取捐赠票据的，应予以开具。

个人发生公益捐赠时不能及时取得捐赠票据的，可以暂时凭公益捐赠银行支付凭证扣除，并向扣缴义务人提供公益捐赠银行支付凭证复印件。个人应在捐赠之日起90日内向扣缴义务人补充提供捐赠票据，如果个人未按规定提供捐赠票据的，扣缴义务人应在30日内向主管税务机关报告。

机关、企事业单位统一组织员工开展公益捐赠的，纳税人可以凭汇总开具的捐赠票据和员工明细单扣除。

个人通过扣缴义务人享受公益捐赠扣除政策，应当告知扣缴义务人符合条件可扣除的公益捐赠支出金额，并提供捐赠票据的复印件，其中捐赠股权、房产的还应出示财产原值证明。扣缴义务人应当按照规定在预扣预缴、代扣代缴税款时予扣除，并将公益捐赠扣除金额告知纳税人。

个人自行办理或扣缴义务人为个人办理公益捐赠扣除的，应当在申报时一并报送《个人所得税公益慈善事业捐赠扣除明细表》（见附件）。个人应留存捐赠票据，留存期限为五年。

3. 涉税处理建议

居民个人符合条件的公益性捐赠当月有多项多次分类所得的，应先在其中一项一次分类所得中扣除；已经在分类所得中扣除的公益捐赠支出，不再调整到其他所得中扣除。在具体选择扣除所得类型时，可先选择在税率最高所得中扣除，扣除不完的可依次按照税率高低在对应的其他所得中扣除。

（四）个人捐赠北京2022冬奥会款项的涉税处理

1. 案例描述

2019年，王某通过公益性社会组织向2022年北京冬奥会捐赠8 000元，请问其2019年应缴纳个人所得税时如何扣除。

2. 税收政策规定

《财政部、税务总局、海关总署关于北京 2022 年冬奥会和冬残奥会税收政策的通知》（财税〔2017〕60 号）

个人捐赠北京 2022 年冬奥会、冬残奥会、测试赛的资金和物资支出可在计算个人应纳税所得额时予以全额扣除。

3. 涉税处理建议

根据规定，王某向北京冬奥会捐赠的 8 000 元可以在计算个人所得税前全部扣除。

（五）单位统一组织购买的商业健康保险的涉税处理

1. 案例描述

某企业统一组织购买了商业健康保险，该项能否在企业所得税前扣除。

2. 税收政策规定

（1）《关于将商业健康保险个人所得税试点政策推广到全国范围实施的通知》（财税〔2017〕39 号）

关于政策的内容

对个人购买符合规定的商业健康保险产品的支出，允许在当年（月）计算应纳税所得额时予以税前扣除，扣除限额为 2 400 元/年（200 元/月）。单位统一为员工购买符合规定的商业健康保险产品的支出，应分别计入员工个人工资薪金，视同个人购买，按上述限额予以扣除。2 400 元/年（200 元/月）的限额扣除为个人所得税法规定减除费用标准之外的扣除。

…………

关于税收征管

（一）单位统一组织为员工购买或者单位和个人共同负担购买符合规定的商业健康保险产品，单位负担部分应当实名计入个人工资薪金明细清单，视同个人购买，并自购买产品次月起，在不超过 200 元/月的标准内按月扣除。一年内保费金额超过 2 400 元的部分，不得税前扣除。以后年度续保时，按上述规定执行。个人自行退保时，应及时告知扣缴单位。个人相关退保信息保险公司应及时传递给税务机关。

（二）取得工资薪金所得或连续性劳务报酬所得的个人，自行购买符合规定的商业健康保险产品的，应当及时向代扣代缴单位提供保单凭证。扣缴单位自个人提交保单凭证的次月起，在不超过200元/月的标准内按月扣除。一年内保费金额超过2 400元的部分，不得税前扣除。以后年度续保时，按上述规定执行。个人自行退保时，应及时告知扣缴义务人。

（2）《关于推广实施商业健康保险个人所得税政策有关征管问题的公告》（国家税务总局公告2017年第17号）

第五条，保险公司销售符合规定的商业健康保险产品，及时为购买保险的个人开具发票和保单凭证，并在保单凭证上注明税优识别码。个人购买商业健康保险未获得税优识别码的，其支出金额不得税前扣除。

第六条，本公告所称税优识别码，是指为确保税收优惠商业健康保险单的唯一性、真实性和有效性，由商业健康保险信息平台按照“一人一单一码”的原则对投保人进行校验后，下发给保险公司，并在保单凭证上打印的数字识别码。

（3）《关于开展个人税收优惠型健康保险业务有关事项的通知》（保监厅发〔2016〕1号）

第五条，开展个人税收优惠型健康保险业务的保险公司应加强业务管理，确保被保险人信息准确，做到“一人一单一码”，即一个被保险人对应一份保险合同和一个税优识别码。

第六条，开展个人税收优惠型健康保险业务的保险公司应向被保险人提供专用投保单证和保险合同，并将税优识别码标注在保险合同正文首页的右上角，做到标识明显，容易识别。

3. 涉税处理建议

若单位统一组织购买的商业健康保险满足《关于将商业健康保险个人所得税试点政策推广到全国范围实施的通知》（财税〔2017〕39号）和《关于推广实施商业健康保险个人所得税政策有关征管问题的公告》（国家税务总局公告2017年第17号）规定的，可以在企业个人所得税税前扣除；不符合的，不可在个人所得税税前扣除。实务操作中，关键是看有没有一人有一个税优识别码。

六、其他

（一）省外承包工程业务的涉税处理

1. 案例描述

甲公司省外承包工程业务，是否可以在机构所在地申报个人所得税。

2. 税收政策规定

《关于建筑安装业跨省异地工程作业人员个人所得税征收管理问题的公告》（国家税务总局公告 2015 年第 52 号）

总承包企业、分承包企业派驻跨省异地工程项目的管理人员、技术人员和其他工作人员在异地工作期间的工资、薪金所得个人所得税，由总承包企业、分承包企业依法代扣代缴并向工程作业所在地税务机关申报缴纳。

总承包企业和分承包企业通过劳务派遣公司聘用劳务人员跨省异地工作期间的工资、薪金所得个人所得税，由劳务派遣公司依法代扣代缴并向工程作业所在地税务机关申报缴纳。

跨省异地施工单位应就其所支付的工程作业人员工资、薪金所得，向工程作业所在地税务机关办理全员全额扣缴明细申报。凡实行全员全额扣缴明细申报的，工程作业所在地税务机关不得核定征收个人所得税。

总承包企业、分承包企业和劳务派遣公司机构所在地税务机关需要掌握异地工程作业人员工资、薪金所得个人所得税缴纳情况的，工程作业所在地税务机关应及时提供。总承包企业、分承包企业和劳务派遣公司机构所在地税务机关不得对异地工程作业人员已纳税工资、薪金所得重复征税。两地税务机关应加强沟通协调，切实维护纳税人权益。

建筑安装业省内异地施工作业人员个人所得税征收管理参照本公告执行。

3. 涉税处理建议

企业省外承包工程业务的个人所得税问题，应当按照国家税务总局公告 2015 年第 52 号的规定执行。

（二）向顾客发放印有公司标志的纪念品的涉税处理

1. 案例描述

甲公司向税务机关咨询：向顾客发放印有公司标志的纪念品，是否需要代扣个人所得税？

2. 税收政策规定

《关于个人取得有关收入适用个人所得税应税所得项目的公告》（财政部、税务总局公告2019年第74号）

企业在业务宣传、广告等活动中，随机向本单位以外的个人赠送礼品（包括网络红包，下同），以及企业在年会、座谈会、庆典以及其他活动中向本单位以外的个人赠送礼品，个人取得的礼品收入，按照“偶然所得”项目计算缴纳个人所得税，但企业赠送的具有价格折扣或折让性质的消费券、代金券、抵用券、优惠券等礼品除外。

前款所称礼品收入的应纳税所得额按照《财政部、国家税务总局关于企业促销展业赠送礼品有关个人所得税问题的通知》（财税〔2011〕50号）第三条规定计算。

3. 涉税处理建议

根据上述政策规定，若企业不是在销售货物或提供服务时向顾客发放印有公司标志的纪念品，则需要代扣个人所得税。

（三）促销展业赠送礼品个人所得税的涉税处理

1. 案例描述

甲公司进行开展推广活动，对前来光顾的客户微信扫码关注，便可以领取一份礼品。对于甲公司给客户随机发放的开业礼品，是否需要代扣代缴个人所得税。

2. 税收政策规定

（1）《财政部、国家税务总局关于企业促销展业赠送礼品有关个人所得税问题的通知》（财税〔2011〕50号）

企业在销售商品（产品）和提供服务过程中向个人赠送礼品，属于下列情形之一的，不征收个人所得税：

1. 企业通过价格折扣、折让方式向个人销售商品（产品）和提供服务；

2. 企业在向个人销售商品（产品）和提供服务的同时给予赠品，如通信企业对个人购买手机赠话费、入网费，或者购话费赠手机等；

3. 企业对累积消费达到一定额度的个人按消费积分反馈礼品。

（2）《关于个人取得有关收入适用个人所得税应税所得项目的公告》（财政部、税务总局公告2019年第74号）

企业在业务宣传、广告等活动中，随机向本单位以外的个人赠送礼品（包括网络红包，下同），以及企业在年会、座谈会、庆典以及其他活动中向本单位以外的个人赠送礼品，个人取得的礼品收入，按照“偶然所得”项目计算缴纳个人所得税，但企业赠送的具有价格折扣或折让性质的消费券、代金券、抵用券、优惠券等礼品除外。

前款所称礼品收入的应纳税所得额按照《财政部、国家税务总局关于企业促销展业赠送礼品有关个人所得税问题的通知》（财税〔2011〕50号）第三条规定计算。

3. 涉税处理建议

我国针对赠送礼品征收个人所得税时区分如下两种情况：一是与销售行为相关度强（直接相关）的礼品赠送，不征收个税，如销售时赠送礼品、销售累计积分兑换礼品、销售时提供价格折扣、折让，这三项不征收个税；二是与销售行为相关不大（如宣传活动、会议）的礼品赠送，按照偶然所得征收个税，如宣传活动随机赠送礼品、会议庆典赠送礼品、额外抽奖，需要征收个税。通过对以上政策的解析，公司在开业期间给前来光顾的客户所赠送的礼品需要按照“偶然所得”项目计算缴纳个人所得税，由企业代扣代缴。

第四章　其他税种

一、印花税

（一）印花税计税依据选择

1. 案例描述

有一笔电器购销合同，可以选择签订以下两种合同：

第一种合同：甲公司与乙公司签订了一笔电器购销合同，在合同中注明的货物含税金额总计 11 300 万元；

第二种合同：甲公司与乙公司签订了一笔电器购销合同，在合同中注明的货物含税金额总计 11 300 万元，同时在合同中注明的货物不含税金额 10 000 万元，增值税额 1 300 万元。

请问上述两种不同合同金额的约定方式分别如何缴纳印花税。

2. 税收政策规定

《中华人民共和国印花税法》

第五条，印花税的计税依据如下：

（一）应税合同的计税依据，为合同所列的金额，不包括列明的增值税税款；

（二）应税产权转移书据的计税依据，为产权转移书据所列的金额，不包括列明的增值税税款。

3. 涉税处理建议

企业在书立应缴纳印花税凭证时，应注意关于增值税的特殊规定，若合同单独列示增值税额，则印花税计税依据不包含增值税税款；若合同未单独列示增值税额，印花税计税依据包含增值税税款。

（二）计税金额不明的合同的涉税处理

1. 案例描述

甲公司与乙公司签订了一笔物资购销框架合同，框架合同中未列示具体金额，应如何缴纳印花税。

2. 税收政策规定

《中华人民共和国印花税法》

第六条，应税合同、产权转移书据未列明金额的，印花税的计税依据按照实际结算的金额确定。

计税依据按照前款规定仍不能确定的，按照书立合同、产权转移书据时的市场价格确定；依法应当执行政府定价或者政府指导价的，按照国家有关规定确定。

3. 涉税处理建议

对印花税应税凭证中未列示金额的，应依据上述政策规定按照实际结算的金额确定。

（三）记载资金的营业账簿实收资本（股本）、资本公积发生变动的涉税处理

1. 案例描述

甲公司当期实收资本增加 1 000 万元，资本公积减少 200 万元，应如何计算印花税。

2. 税收政策规定

《中华人民共和国印花税法》

第十一条，已缴纳印花税的营业账簿，以后年度记载的实收资本（股本）、资本公积合计金额比已缴纳印花税的实收资本（股本）、资本公积合计金额增加的，按照增加部分计算应纳税额。

3. 涉税处理建议

本案中，企业应该按 800 万元贴花；期末按照期初的“实收资本”和“资本公积”的合计金额与已缴纳的记载资金账簿印花税计税依据相比较，如有增加的，应按规定缴纳印花税。

（四）用户供用电合同的涉税处理

1. 案例描述

某供电企业与用户签订供用电合同，请问是否需要按购销合同缴纳印花税？

2. 税收政策规定

《财政部、国家税务总局关于印花税若干政策的通知》（财税〔2006〕162号）

对发电厂与电网之间、电网与电网之间（国家电网公司系统、南方电网公司系统内部各级电网互供电量除外）签订的购售电合同按购销合同征收印花税。电网与用户之间签订的供用电合同不属于印花税列举征税的凭证，不征收印花税。

3. 涉税处理建议

根据上述政策规定，该供电公司与用户之间签订的供用电合同不征收印花税。

（五）签订融资租赁合同的涉税处理

1. 案例描述

某公司2020年扩大业务内容，开展新开发的融资租赁业务，融资租赁合同应如何缴纳印花税。

2. 税收政策规定

《财政部、国家税务总局关于融资租赁合同有关印花税政策的通知》（财税〔2015〕144号）

对开展融资租赁业务签订的融资租赁合同（含融资性售后回租），统一按照其所载明的租金总额，依照“借款合同”税目，按0.005%的税率计税贴花。

在融资性售后回租业务中，对承租人、出租人因出售租赁资产及购回租赁资产所签订的合同，不征收印花税。

3. 涉税处理建议

根据上述规定，公司开展融资租赁业务签订的合同，应按借款合同计税贴花。

（六）工程监理合同的涉税处理

1. 案例描述

某工程监理企业 2020 年为开展监理业务，签订了工程监理合同，对于工程监理合同，该企业拟按“技术合同”缴纳印花税。

2. 税收政策规定

《关于对技术合同征收印花税问题的通知》（1989 国税地字第 34 号）

技术咨询合同是当事人就有关项目的分析、论证、评价、预测和调查订立的技术合同。有关项目包括：有关科学技术与经济、社会协调发展的软科学研究项目；促进科技进步和管理现代化，提高经济效益和社会效益的技术项目；其他专业项目。对属于这些内容的合同，均应按照“技术合同”税目的规定计税贴花。

至于一般的法律、法规、会计、审计等方面的咨询不属于技术咨询，其所立合同不贴印花。

3. 涉税处理建议

根据上述规定，工程监理合同并不属于“技术合同”税目中的技术咨询合同，也不属于《印花税暂行条例》中列举的征税范围，故公司不需要缴纳印花税。

（七）签订租赁合同代收物业管理费的涉税处理

1. 案例描述

某公司 2020 年将一处闲置房产出租，签订的租赁合同上分别记载租金金额和管理费金额，并注明管理费是代物业管理公司收取，甲公司拟将租金金额和管理费合并缴纳印花税。

2. 税收政策规定

《中华人民共和国印花税法》

同一应税凭证载有两个以上税目事项并分别列明金额的，按照各自适用的税目税率分别计算应纳税额；未分别列明金额的，从高适用税率。

3. 涉税处理建议

根据上述规定，由于物业管理费不属于印花税税目税率表中列举的项目，不缴纳印花税。本案中某公司所签合同在分别列示两种经济事项的基础上，应分别计算，只对房屋租金部分按财产租赁合同上记载的租赁金额缴纳印花税，物业管理费用不需要缴纳印花税。

（八）关联方借款签订合同的涉税处理

1. 案例描述

甲公司于2020年12月与乙公司（非金融机构）签订一份借款合同，甲公司拟按“借款合同”缴纳印花税。

2. 税收政策规定

《中华人民共和国印花税法》

借款合同是指银行业金融机构、经国务院银行业监督管理机构批转设立的其他金融机构与借款人的借款合同。

3. 涉税处理建议

根据上述规定，企业与银行或其他金融机构签订的借款合同需要缴纳印花税，企业间借款不需要缴纳印花税，因此，本案中企业与关联方签订的借款合同若关联方不属于金融机构，不需要缴纳印花税。

二、契税

（一）土地作价入股的涉税处理

1. 案例描述

2018年6月1日，甲公司以260万元/亩的价格，通过招投标方式购入市区地块甲共60亩，现评估公允价值为330万元/亩。公司领导层商议一致同意，决定成立新项目公司，并将该地块过户到新项目公司进行开发。

针对上述情况，有三种不同方案，请分析土地变更中的税收成本。

甲公司投资成立全资新项目公司，甲公司与新项目公司签订土地无偿划转协议，将该地块甲按账面净值划转到新项目公司名下。

甲公司进行分立，分立成甲公司及新项目公司，股权比例不变，将该地块甲以及购买时的相关债权一并转让给新项目公司。

甲公司将该地块甲以增资扩股形式投资到新项目公司名下。

2. 税收政策规定

（1）《契税暂行条例实施细则》

第八条，土地、房屋权属以下列方式转移的，视同土地使用权转让、房屋买卖或者房屋赠与征税：

（一）以土地、房屋权属作价投资、入股。

…………

（2）《财政部、国家税务总局关于继续执行企业　事业单位改制重组有关契税政策的公告》（财政部、税务总局公告2021年第17号）

公司分立。

公司依照法律规定、合同约定分立为两个或两个以上与原公司投资主体相同的公司，对分立后公司承受原公司土地、房屋权属，免征契税。

…………

资产划转。

对承受县级以上人民政府或国有资产管理部门按规定进行行政性调整、划转国有土地、房屋权属的单位，免征契税。

同一投资主体内部所属企业之间土地、房屋权属的划转，包括母公司与其全资子公司之间，同一公司所属全资子公司之间，同一自然人与其设立的个人独资企业、一人有限公司之间土地、房屋权属的划转，免征契税。

母公司以土地、房屋权属向其全资子公司增资，视同划转，免征契税。

3. 涉税处理建议

（1）根据财政部　税务总局公告2021年第17号的规定，新项目公司接受母公司划转土地资产，不需缴纳契税。

（2）根据财政部　税务总局公告2021年第17号规定，公司分立，不需缴纳契税。

（3）根据财政部　税务总局公告2021年第17号规定，该公司以增资扩股方式投资新项目公司名下，视同划转，免征契税。

土地作价入股按相关的法律法规的除契税之外，还需要考虑增值税及附加、土地增值税、企业所得税、印花税等，应综合权衡土地变更中的税负成本。

三、车辆购置税和车船税

（一）车辆购置税计税价格是否包含车辆装饰费

1. 案例描述

甲公司于2020年5月份购买了一辆2.0升排量的乘用汽油车，购买后对车辆进行装饰，在计算车辆购置税计税价格时是否需要包含车辆装饰费吗。

2. 税收政策规定

《中华人民共和国车辆购置税法》

第六条，应税车辆的计税价格，按照下列规定确定：

（一）纳税人购买自用应税车辆的计税价格，为纳税人实际支付给销售者的全部价款，不包括增值税税款。

…………

3. 涉税处理建议

根据上述规定，车辆购置税的计税价格中不包括车辆装饰费。

（二）企业车辆购置的涉税处理

1. 案例描述

甲公司从某汽车企业购买一辆东风日产骐达1.6GS（AT）自用，支付车款159 800元（含增值税）。另外，还支付给汽车贸易企业代办各项费用，包括：牌照费用200元，购买工具用具3 000元，保险金7 500元，车辆装饰费10 000元。各项款项汇总后由汽车销售企业开具在一张发票上。

2. 税收政策规定

《中华人民共和国车辆购置税法》

第六条，应税车辆的计税价格，按照下列规定确定：

（一）纳税人购买自用应税车辆的计税价格，为纳税人实际支付给销售者的全部价款，不包括增值税税款。

…………

3. 涉税处理建议

如果本案中公司进行纳税筹划，将各项费用分开由有关单位（企业）

另行开具票据，只提供发票交予车管所办证，则在发票不低于税法规定的最低计税价格时，可按销售车辆方开具的不含增值税的金额作为车辆购置税的计税依据。

（三）购置新能源汽车是否免征车辆购置税

1. 案例描述

甲公司于 2020 年 8 月购买了一辆纯电动汽车用于服务该公司员工，在购买新能源汽车时拟享受免征车辆购置税的优惠。

2. 税收政策规定

（1）《关于继续执行的车辆购置税优惠政策的公告》（财政部、国家税务总局公告 2019 年第 75 号）

自 2018 年 1 月 1 日至 2020 年 12 月 31 日，对购置新能源汽车免征车辆购置税。具体操作按照《财政部、税务总局、工业和信息化部科技部关于免征新能源汽车车辆购置税的公告》（财政部、税务总局、工业和信息化部　科技部公告 2017 年第 172 号）有关规定执行。

（2）《财政部、税务总局、工业和信息化部、科技部关于免征新能源汽车车辆购置税的公告》（财政部公告 2017 年第 172 号）

自 2018 年 1 月 1 日至 2020 年 12 月 31 日，对购置的新能源汽车免征车辆购置税。

对免征车辆购置税的新能源汽车，通过发布《免征车辆购置税的新能源汽车车型目录》（以下简称《目录》）实施管理。2017 年 12 月 31 日之前已列入《目录》的新能源汽车，对其免征车辆购置税政策继续有效。

2018 年 1 月 1 日起列入《目录》的新能源汽车须同时符合以下条件：

（一）获得许可在中国境内销售的纯电动汽车、插电式（含增程式）混合动力汽车、燃料电池汽车。

（二）符合新能源汽车产品技术要求。

（三）通过新能源汽车专项检测，达到新能源汽车产品专项检验标准。

（四）新能源汽车生产企业或进口新能源汽车经销商（以下简称企业）在产品质量保证、产品一致性、售后服务、安全监测、动力电池回收利用等方面符合相关要求。

财政部、税务总局、工业和信息化部、科技部根据新能源汽车标准体系发展、技术进步和车型变化等情况，适时调整列入《目录》的新能源汽车条件。

3. 涉税处理建议

本案中，甲公司购买的纯电动汽车属于《工业和信息化部、国家税务总局关于发布〈免征车辆购置税的新能源汽车车型目录〉（第三十一批）的公告》（工业和信息化部　国家税务总局公告 2020 年第 1 号）附件 1 中的车型，因而可以享受免征车辆购置税的优惠。

（四）购入免车船税的新能源车辆减免税手续办理

1. 案例描述

甲公司于 2020 年 6 月购入了一辆免车船税的新能源车辆，该车辆如何办理减免手续。

2. 税收政策规定

《国家税务总局、中国保险监督管理委员会关于机动车车船税代收代缴有关事项的公告》（国家税务总局、中国保险监督管理委员会公告 2011 年第 75 号）

在财政部、国家税务总局会同汽车行业主管部门公布了享受车船税优惠政策的节约能源、使用新能源的车型目录后，对纳入车型目录的机动车，保险机构销售交强险时，根据车型目录的规定免征或减征车船税。

3. 涉税处理建议

按照上述规定，建议甲公司直接在保险公司办理减免税手续，免征车船税。

（五）由保险企业代收代缴车船税的涉税处理

1. 案例描述

2020 年 6 月，甲公司因工作需要购买了一辆小型客车，并由保险公司代收代缴车船税，但没有开具车船税完税凭证，只是在增值税发票上面注明了车船税信息。

2. 税收政策规定

《国家税务总局关于保险机构代收车船税开具增值税发票问题的公告》

（国家税务总局公告2016年第51号）

保险机构作为车船税扣缴义务人，在代收车船税并开具增值税发票时，应在增值税发票备注栏中注明代收车船税税款信息。具体包括：保险单号、税款所属期（详细至月）、代收车船税金额、滞纳金金额、金额合计等。该增值税发票可作为纳税人缴纳车船税及滞纳金的会计核算原始凭证。

3. 涉税处理建议

甲公司应以保险公司开具的增值税发票作为车船税会计核算原始凭证，该增值税发票备注栏中需注明代收车船税税款信息。

四、房产税

（一）抵债取得房产及拥有土地未申报纳税处理

1. 案例描述

甲公司拥有一块面积为100多平方米的土地，其202×年房、土两税申报却为零。经核实为公司202×年3月取得某抵债房产一套，建筑面积141.59平方米，储藏室一间，总费用257.35万元，并以公司名义办理了不动产权证。

2. 税收政策规定

（1）《中华人民共和国城镇土地使用税暂行条例》

在城市、县城、建制镇、工矿区范围内使用土地的单位和个人，为城镇土地使用税（以下简称土地使用税）的纳税人，应当依照本条例的规定缴纳土地使用税。前款所称单位，包括国有企业、集体企业、私营企业、股份制企业、外商投资企业、外国企业以及其他企业和事业单位、社会团体、国家机关、军队以及其他单位；所称个人，包括个体工商户以及其他个人。

（2）《中华人民共和国房产税暂行条例》（2011年修订）

房产税由产权所有人缴纳。产权属于全民所有的，由经营管理的单位缴纳。产权出典的，由承典人缴纳。产权所有人、承典人不在房产所在地的，或者产权未确定及租典纠纷未解决的，由房产代管人或者使用人缴纳。

3. 涉税处理建议

本案例中，甲公司拥有的100多平方米的土地应缴纳城镇土地使用税，取得的抵账房产应自取得次月起按1.2%税率缴纳房产税。当前，资产重组、资产转移的经济行为越来越普遍，在发生非货币交易、债务重组、资产划转等交易行为时，要正确按照会计准则、税收法规的相关规定做相应的税务处理，以避免少交、未交税款带来的涉税风险。

（二）无偿使用关联企业房产用于办公未申报缴纳房产税的处理

1. 案例描述

甲公司无偿使用关联企业某公司房产用于办公用房，房屋原值8 841 930.88元，未申报缴纳房产税。

2. 税收政策规定

（1）《财政部、国家税务总局关于房产税、城镇土地使用税有关问题的通知》（财税〔2009〕128号）

无租使用其他单位房产的应税单位和个人，依照房产余值代缴纳房产税。

（2）《财政部、国家税务总局关于安置残疾人就业单位城镇土地使用税等政策的通知》（财税〔2010〕121号）

对出租房产，租赁双方签订的租赁合同约定有免收租金期限的，免收租金期间由产权所有人按照房产原值缴纳房产税。

3. 涉税处理建议

本案例中，甲公司无偿使用关联方用房符合《财政部、国家税务总局关于房产税、城镇土地使用税有关问题的通知》中房产税的相关规定，应依照房产余值代缴纳房产税。

企业财务人员应加强房产税征收相关规定的学习，明晰合同约定，判断所使用房产属于免租还是无租，对于无租使用房产，应由实际使用方缴纳房产税。

（三）从租计征房产税是否可以扣除增值税

1. 案例描述

某公司2020年3月将一处办公楼对外出租，并于当月收到房屋租金，甲公司拟将收到的含税收入缴纳房产税。

2. 税收政策规定

《关于“营改增”后契税、房产税、土地增值税、个人所得税计税依据问题的通知》(财税〔2016〕43号)

房产出租的，计征房产税的租金收入不含增值税。

3. 涉税处理建议

根据上述规定，该公司3月份申报租金收入时不包含增值税。

(四) 房屋维修、改扩建的涉税处理

1. 案例描述

某公司自有一套老旧房屋，2020年3月对该处旧房进行改扩建花费20万元，甲公司未及时更新该房产的计税价值。

2. 税收政策规定

(1)《财政部、税务总局关于房产税和车船使用税几个业务问题的解释与规定》[(87)财税地字第003号]

关于“房产”的解释。

“房产”是以房屋形态表现的财产。房屋是指有屋面和围护结构(有墙或两边有柱)，能够遮风避雨，可供人们在其中生产、工作、学习、娱乐、居住或储藏物资的场所。

独立于房屋之外的建筑物，如围墙、烟囱、水塔、变电塔、油池油柜、酒窖菜窖、酒精池、糖蜜池、室外游泳池、玻璃暖房、砖瓦石灰窑以及各种油气罐等，不属于房产。

根据总局(86)财税地字第008号文规定，房产原值是指纳税人按照会计制度规定，在账簿“‘固定资产’科目中记载的房屋原价”。因此，凡按会计制度规定在账簿中记载有房屋原价的，即应以房屋原价按规定减除一定比例后作为房产余值计征房产税；没有记载房屋原价的，按照上述原则，并参照同类房屋，确定房产原值，计征房产税。

关于房屋附属设备的解释。

房产原值应包括与房屋不可分割的各种附属设备或一般不单独计算价值的配套设施。主要有：暖气、卫生、通风、照明、煤气等设备；各种管线，如蒸气、压缩空气、石油、给水排水等管道及电力、电讯、电

缆导线；电梯、升降机、过道、晒台等。

属于房屋附属设备的水管、下水道、暖气管、煤气管等从最近的探视井或三通管算起。电灯网、照明线从进线盒联接管算起。

(2)《中华人民共和国企业所得税法》(2018 年修订)

在计算应纳税所得额时，企业发生的下列支出作为长期待摊费用，按照规定摊销的，准予扣除：（一）已足额提取折旧的固定资产的改建支出；（二）租入固定资产的改建支出；（三）固定资产的大修理支出；（四）其他应当作为长期待摊费用的支出。

(3)《中华人民共和国企业所得税法实施条例》(2019 年修订)

《企业所得税法》第十三条第三项所称固定资产的大修理支出，是指同时符合下列条件的支出：①修理支出达到取得固定资产时的计税基础 50% 以上；②修理后固定资产的使用年限延长 2 年以上。《企业所得税法》第十三条第三项规定的支出，按照固定资产尚可使用年限分期摊销。

(4)《关于进一步明确房屋附属设备和配套设施计征房产税有关问题的通知》(国税发〔2005〕173 号)

为了维持和增加房屋的使用功能或使房屋满足设计要求，凡以房屋为载体，不可随意移动的附属设备和配套设施，如给排水、采暖、消防、中央空调、电气及智能化楼宇设备等，无论在会计核算中是否单独记账与核算，都应计入房产原值，计征房产税。

3. 涉税处理建议

根据上述规定，对于旧房的更新改造（改扩建）支出应该予以资本化，增加房产的账面价值；对于旧房的维修费，应该在发生时计入当期费用。如公司自有房屋旧房改造支出满足资本化条件的，则计入固定资产原值，计征房产税；达不到资本化条件的，则该项支出费用不计征房产税。同时，公司应关注房屋附属设备和配套设施应计入房产原值计算缴纳房产税。

（五）上划变电站缴纳房产税的涉税处理

1. 案例描述

某县级供电企业上划给市级供电企业的 110 千伏变电站，但仍由县企业缴纳房产税。

2. 税收政策规定

《中华人民共和国房产税暂行条例》（2011 年修订）

房产税由产权所有人缴纳。产权属于全民所有的，由经营管理的单位缴纳。产权出典的，由承典人缴纳。产权所有人、承典人不在房产所在地的，或者产权未确定及租典纠纷未解决的，由房产代管人或者使用人缴纳。前款列举的产权所有人、经营管理单位、承典人、房产代管人或者使用人，统称为纳税义务人（以下简称纳税人）。

房产税由房产所在地的税务机关征收。

3. 涉税处理建议

根据上述规定，由于 110 千伏变电站产权归属于市级供电企业，但并不在变电站所在地，若县级供电企业作为变电站的代管人，则负有缴纳房产税的义务。

（六）新增房屋未取得房产证是否缴纳房产税

1. 案例描述

某公司 2020 年 2 月新增一处房屋，由于政策处理原因，尚未取得房产证和土地证，甲公司拟暂不申报房产税。

2. 税收政策规定

（1）《财政部、国家税务总局关于房产税城镇土地使用税有关问题的通知》（财税〔2008〕152 号）

对依照房产原值计税的房产，不论是否记载在会计账簿固定资产科目中，均应按照房屋原价计算缴纳房产税。房屋原价应根据国家有关会计制度规定进行核算。对纳税人未按国家会计制度规定核算并记载的，应按规定予以调整或重新评估。

（2）《关于印发〈关于土地使用税若干具体问题的解释和暂行规定〉的通知》（国税地字〔1988〕第 15 号）

纳税人实际占用的土地面积，是指由省、自治区、直辖市人民政府确定的单位组织测定的土地面积。尚未组织测量，但纳税人持有政府部门核发的土地使用证书的，以证书确认的土地面积为准；尚未核发土地使用证书的，应由纳税人据实申报土地面积。

3. 涉税处理建议

根据上述规定，这两个税种的计税依据并非要求取得房产证和土地证，而是实际使用，故甲公司尚未取得房产证和土地证也应当缴纳房产税和土地税。

（七）新建办公楼的地下部分房产税的涉税处理

1. 案例描述

某公司2020年新建一套7层办公楼，地上部分2层，地下部分5层，甲公司拟与地上建筑一并缴纳房产税？

2. 税收政策规定

《财政部、国家税务总局关于具备房屋功能的地下建筑征收房产税的通知》（财税〔2005〕181号）

自用的地下建筑，按以下方式计税：

（一）工业用途房产，以房屋原价的50%～60%作为应税房产原值。应纳房产税的税额=应税房产原值×[1－（10%～30%）]×1.2%。

（二）商业和其他用途房产，以房屋原价的70%～80%作为应税房产原值。应纳房产税的税额=应税房产原值×[1－（10%～30%）]×1.2%。房屋原价折算为应税房产原值的具体比例，由各省、自治区、直辖市和计划单列市财政和地方税务部门在上述幅度内自行确定。

（三）对于与地上房屋相连的地下建筑，如房屋的地下室、地下停车场、商场的地下部分等，应将地下部分与地上房屋视为一个整体，按照地上房屋建筑的有关规定计算征收房产税。

3. 涉税处理建议

根据上述规定，该公司办公楼地下部分属于与地上房屋相连的地下建筑，应与地上房屋视为一个整体，按照地上房屋建筑的有关规定计算征收房产税。

（八）搭建临时性房屋的涉税处理

1. 案例描述

甲公司2020年6月在基建工地搭建临时性房屋花费3万元，甲公司拟暂不缴纳房产税。

2. 税收政策规定

《财政部、税务总局检发〈关于房产税若干具体问题的解释和暂行法规〉〈关于车船使用税若干具体问题的解释和暂行法规〉的通知》（财税地字〔1986〕第8号）

凡是在基建工地为基建工地服务的各种工棚、材料棚、休息棚和办公室、食堂、茶炉房、汽车房等临时性房屋，不论是施工企业自行建造还是由基建单位出资建造交施工企业使用的，在施工期间，一律免征房产税。但是，如果在基建工程结束以后，施工企业将这种临时性房屋交还或者估价转让给基建单位的，应当从基建单位接收的次月起，依照规定征收房产税。

3. 涉税处理建议

根据上述规定，在建设期间，甲公司搭建的临时性房屋免征房产税。建设期结束后，若继续使用，则应按照规定缴纳房产税。

（九）无租使用房屋对外出租时的涉税处理

1. 案例描述

某公司无租使用其母企业的房屋，同时又将部分无租使用的房屋对外出租，甲公司未申报缴纳房产税。

2. 税收政策规定

《财政部、国家税务总局关于房产税、城镇土地使用税有关问题的通知》（财税〔2009〕128号）

无租使用其他单位房产的应税单位和个人，依照房产余值代缴纳房产税。

3. 涉税处理建议

根据上述规定，该公司对其无租使用房屋部分，应按照房产余值代为缴纳房产税。

（十）办公使用的房产原值确定

1. 案例描述

某公司2019年开始新建一栋办公楼，该办公楼于2020年11月完工并用于办公，甲公司拟按账面原值缴纳房产税。

2. 税收政策规定

（1）《财政部、国家税务总局关于房产税、城镇土地使用税有关问题的通知》（财税〔2008〕152号）

对依照房产原值计税的房产，不论是否记载在会计账簿固定资产科目中，均应按照房屋原价计算缴纳房产税。房屋原价应根据国家有关会计制度规定进行核算。对纳税人未按国家会计制度规定核算并记载的，应按规定予以调整或重新评估。

（2）《中华人民共和国房产税暂行条例》（2011年修订）

没有房产原值作为依据的，由房产所在地税务机关参考同类房产核定。

3. 涉税处理建议

根据上述规定，公司应当以房产原值计征房产税。房产原值原则上取会计账簿固定资产科目记载的金额，无法确定房产原值的，由税务机关依法核定。

（十一）闲置办公楼的房产税处理

1. 案例描述

某公司有一套闲置不用的办公楼，也未对外出租，甲公司拟暂不缴纳房产税。

2. 税收政策规定

《关于房产税若干具体问题的解释和暂行法规》（财税地字〔1986〕8号）

经有关部门鉴定，对毁损不堪居住的房屋和危险房屋，在停止使用后，可免征房产税。

3. 涉税处理建议

根据上述规定，该公司原有办公楼并非损毁不堪居住的房屋和危险房屋，企业闲置不用办公楼不能免缴房产税。

（十二）消防设施的房产税处理

1. 案例描述

某公司于2020年新建一栋办公楼，房产中配置的消防设施未计入房产原值计征房产税。

2. 税收政策规定

《关于进一步明确房屋附属设备和配套设施计征房产税有关问题的通知》（国税发〔2005〕173号）

为了维持和增加房屋的使用功能或使房屋满足设计要求，凡以房屋为载体，不可随意移动的附属设备和配套设施，如给排水、采暖、消防、中央空调、电气及智能化楼宇设备等，无论在会计核算中是否单独记账与核算，都应计入房产原值，计征房产税。

3. 涉税处理建议

根据上述规定，企业配置的以房屋为载体、不可以随意移动的消防设施，性质上属于应缴纳房产税的配套设施，无论是否计入固定资产原值，均应纳入房产原值缴纳房产税；但如果是可以随意移动的灭火器材，则不需要缴纳房产税。

（十三）房屋大修期间的房产税处理

1. 案例描述

甲公司由于经营管理的需要，计划对目前使用的一幢建筑进行改造升级，该建筑的房屋权属于自有产权。根据设计测算，进行一次全面装修改造预计需要4～6个月，甲公司拟暂不缴纳房产税。

2. 税收政策规定

《关于房产税部分行政审批项目取消后加强后续管理工作的通知》（国税函〔2004〕839号）

纳税人因房屋大修导致连续停用半年以上的，在房屋大修期间免征房产税，免征税额由纳税人在申报缴纳房产税时自行计算扣除，并在申报表附表或备注栏中作相应说明。

纳税人房屋大修停用半年以上需要免征房产税的，应在房屋大修前向主管税务机关报送相关的证明材料，包括大修房屋的名称、坐落地点、产权证编号、房产原值、用途、房屋大修的原因、大修合同及大修的起止时间等信息和资料，以备税务机关查验。具体报送材料由各省、自治区、直辖市和计划单列市地方税务局确定。

3. 涉税处理建议

根据上述规定，如果公司房屋需要进行大修、装修、改造等预计停用半年以上的，在进行大修、装修、改造等业务前需要向主管税务机关报送相关证明材料。在申报纳税时便可计算扣除因房屋大修、装修、改造等原因停止使用期间的房产税。

（十四）未验收已使用厂房的涉税处理

1. 案例描述

甲公司于2020年开始投资建设B厂区，并购买安装系列生产设备，但一直未办理竣工验收手续。企业账目反映，B厂区2020年缴水电费125万元，2019年10月至今已累计取得销售收入3 251.21万元。在与税务局的评估约谈中，甲公司认为B厂区尚未竣工验收，不应把在建工程结转为固定资产，也不用缴纳房产税。

2. 税收政策规定

《财政部、国家税务总局检发〈关于房产税若干具体问题的解释和暂行法规〉〈关于车船使用税若干具体问题的解释和暂行法规〉的通知》（财税地字〔1986〕第8号）

纳税人自建的房屋，自建成之次月起征收房产税；纳税人委托施工企业建设的房屋，从办理验收手续之次月起征收房产税；纳税人在办理验收手续前已使用或出租、出借的新建房屋，应按规定征收房产税。

3. 涉税处理建议

根据上述规定，若甲公司在办理竣工验收前已经使用上述房屋，则应当于实际使用的次月开始缴纳房产税。

五、城建税和教育费附加

（一）增值税减免时的城建税处理

1. 案例描述

某公司2020年享受减免增值税优惠并退税，已缴的城市维护建设税能否退还。

2. 税收政策规定

（1）《关于城市维护建设税几个具体业务问题的补充规定》（财税

〔1985〕143号）

对出口产品退还产品税、增值税的，不退还已纳的城市维护建设税。对由于减免产品税、增值税、营业税而发生的退税，同时退还已纳的城市维护建设税。

（2）《关于增值税、营业税、消费税实行先征后返等办法有关城建税和教育费附加政策的通知》（财税〔2005〕72号）

对“三税”实行先征后返、先征后退、即征即退办法的，除另有规定外，对随“三税”附征的城市维护建设税和教育费附加，一律不予退（返）还。

3. 涉税处理建议

根据上述规定，该公司由于减免增值税而发生的退税，相应的城市维护建设税也可以退还。

（二）国家重大水利工程建设基金的涉税处理

1. 案例描述

国家重大水利工程建设基金应当减免城市维护建设税和教育费附加，该项减免是否包含地方教育费附加。

2. 税收政策规定

《财政部、国家税务总局关于免征国家重大水利工程建设基金的城市维护建设税和教育费附加的通知》（财税〔2010〕44号）

经国务院批准，为支持国家重大水利工程建设，对国家重大水利工程建设基金免征城市维护建设税和教育费附加。

3. 涉税处理建议

根据上述规定，国家重大水利工程建设基金减免城市维护建设税和教育费附加，可同步减免地方教育费附加。

（三）跨地区提供建筑服务的城市维护建设税处理

1. 案例描述

甲公司于2020年10月开始跨地区提供建筑服务，是否需要在建筑服务发生地缴纳相应的城市维护建设税。

2. 税收政策规定

《财政部、国家税务总局关于纳税人异地预缴增值税有关城市维护建

设税和教育费附加政策问题的通知》（财税〔2016〕74号）

纳税人跨地区提供建筑服务、销售和出租不动产的，应在建筑服务发生地、不动产所在地预缴增值税时，以预缴增值税税额为计税依据，并按预缴增值税所在地的城市维护建设税适用税率和教育费附加征收率就地计算缴纳城市维护建设税和教育费附加。

预缴增值税的纳税人在其机构所在地申报缴纳增值税时，以其实际缴纳的增值税税额为计税依据，并按机构所在地的城市维护建设税适用税率和教育费附加征收率就地计算缴纳城市维护建设税和教育费附加。

3. 涉税处理建议

根据上述规定，企业对于预缴的增值税和实际缴纳的增值税应当分别按预缴增值税所在地和机构所在地税率缴纳城市维护建设税。

六、城镇土地使用税

（一）取得土地使用证前城镇土地使用税的处理

1. 案例描述

甲公司于2020年3月取得一块土地用于建造营业大厅，目前还未取得土地使用证，在计算申报城镇土地使用税时该如何确定占地面积。

2. 税收政策规定

（1）《中华人民共和国城镇土地使用税暂行条例》（国务院令第17号）

土地使用税以纳税人实际占用的土地面积为计税依据。

（2）《关于土地使用税若干具体问题的解释和暂行规定》（国税地字〔1988〕第15号）

纳税人实际占用的土地面积，是指由省、自治区、直辖市人民政府确定的单位组织测定的土地面积。尚未组织测量，但纳税人持有政府部门核发的土地使用证书的，以证书确认的土地面积为准；尚未核发土地使用证书的，应由纳税人据实申报土地面积。

3. 涉税处理建议

根据上述规定，甲公司在取得土地使用证前，应按照据实申报的土地面积计算缴纳城镇土地使用税，待取得土地使用证后再做调整。

（二）合同未约定交付时间的土地使用税处理

1. 案例描述

甲公司于2020年9月通过招拍挂取得一宗土地，合同未约定交付时间，甲公司应何时申报缴纳土地使用税。

2. 税收政策规定

《财政部、国家税务总局关于房产税、城镇土地使用税有关政策的通知》（财税〔2006〕186号）

以出让或转让方式有偿取得土地使用权的，应由受让方从合同约定交付土地时间的次月起缴纳城镇土地使用税；合同未约定交付土地时间的，由受让方从合同签订的次月起缴纳城镇土地使用税。

3. 涉税处理建议

根据上述规定，甲公司应在合同签订的次月起缴纳城镇土地使用税。

（三）闲置城镇土地的涉税处理

1. 案例描述

某公司于2020年8月购买一块土地，准备新建房屋用于生产经营，现土地已经交付，但实际未使用，公司目前闲置的该块土地是否需要缴纳城镇土地使用税。

2. 税收政策规定

《财政部、国家税务总局关于房产税、城镇土地使用税有关政策的通知》（财税〔2006〕186号）

以出让或转让方式有偿取得土地使用权的，应由受让方从合同约定交付土地时间的次月起缴纳城镇土地使用税；合同未约定交付土地时间的，由受让方从合同签订的次月起缴纳城镇土地使用税。

3. 涉税处理建议

根据上述规定，该闲置土地应当正常缴纳城镇土地使用税。

（四）未取得产权证的地下车位的涉税处理

1. 案例描述

某公司于2020年8月新建一个独立地下仓库，但没有取得产权证，甲公司是否要缴纳城镇土地使用税。

2. 税收政策规定

《财政部、国家税务总局关于房产税、城镇土地使用税有关问题的通知》(财税〔2009〕128号)

对在城镇土地使用税征税范围内单独建造的地下建筑用地，按规定征收城镇土地使用税。其中，已取得地下土地使用权证的，按土地使用权证确认的土地面积计算应征税款；未取得地下土地使用权证或地下土地使用权证上未标明土地面积的，按地下建筑垂直投影面积计算应征税款。

对上述地下建筑用地暂按应征税款的50%征收城镇土地使用税。

3. 涉税处理建议

根据上述规定，该独立地下仓库应按地下建筑垂直投影面积计算缴纳城镇土地使用税，并可享受减半征收的优惠。

(五) 无偿使用政府部门土地的涉税处理

1. 案例描述

2020年，甲公司无偿使用政府部门提供的一块闲置土地，甲公司是否需要申报缴纳该块土地的城镇土地使用税。

2. 税收政策规定

《关于印发〈关于土地税使用若干具体问题的补充规定〉的通知》(国税地字〔1989〕140号)

对免税单位无偿使用纳税单位的土地(如公安、海关等单位使用铁路、民航等单位的土地)，免征土地使用税；对纳税单位无偿使用免税单位的土地，纳税单位应照章缴纳土地使用税。

3. 涉税处理建议

本案例中，甲公司无偿使用政府部门的土地需要缴纳城镇土地使用税，建议该单位及时申报缴纳城镇土地使用税。